中国旅游发展年度报告书系

Annual Development Report of China's Tourism

中国休闲发展年度报告 2022

ANNUAL REPORT OF CHINA LEISURE DEVELOPMENT 2022

中国旅游研究院 著

北京·旅游教育出版社

图书在版编目（CIP）数据

中国休闲发展年度报告. 2022 / 中国旅游研究院著. -- 北京：旅游教育出版社，2022.12
　ISBN 978-7-5637-4499-2

Ⅰ. ①中… Ⅱ. ①中… Ⅲ. ①闲暇社会学－研究报告－中国－2022 Ⅳ. ①D669.3

中国版本图书馆CIP数据核字(2022)第229463号

中国休闲发展年度报告2022
中国旅游研究院　著

责任编辑	贾东丽
出版单位	旅游教育出版社
地　　址	北京市朝阳区定福庄南里1号
邮　　编	100024
发行电话	（010）65778403　65728372　65767462（传真）
本社网址	www.tepcb.com
E‑mail	tepfx@163.com
排版单位	北京旅教文化传播有限公司
印刷单位	北京中科印刷有限公司
经销单位	新华书店
开　　本	787毫米×1092毫米　1/16
印　　张	7
字　　数	95千字
版　　次	2022年12月第1版
印　　次	2022年12月第1次印刷
定　　价	55.00元

（图书如有装订差错请与发行部联系）

《中国休闲发展年度报告 2022》
编辑委员会

主　　　任　戴　斌
副　主　任　李仲广　唐晓云
编　　　委（按姓氏音序排列）
　　　　　　戴　斌　何琼峰　李仲广　马仪亮　宋子千
　　　　　　唐晓云　吴丰林　吴　普　杨宏浩　杨劲松

《中国休闲发展年度报告 2022》
编辑部

主　　编：李　雪　中国旅游研究院规划与休闲研究所博士
编辑部成员：（按姓氏音序排序）
　　　　　　苟文静　郭　娜　黄　璜　李鹏鹏　李　雪
　　　　　　王春玉　吴丰林

目 录
CONTENTS

一、觉醒的权利、变化的行为与有力的政策 ·················· 1
 （一）觉醒的权利与变化的行为 ·························· 1
 （二）休闲相关政策研究 ·································· 2

二、时间都去哪儿了——休闲时间 ··························· 15
 （一）中国居民休闲时间总体特征 ······················ 15
 （二）不同性别人群休闲时间特征 ······················ 22
 （三）不同年龄人群休闲时间特征 ······················ 25
 （四）不同收入人群休闲时间特征 ······················ 28

三、诗有多近　远方有多远——休闲空间 ·················· 32
 （一）城乡居民休闲空间总体特征 ······················ 32
 （二）城镇居民休闲空间特征 ··························· 34
 （三）农村居民休闲空间特征 ··························· 45
 （四）退休居民休闲空间特征 ··························· 48
 （五）不同城市居民休闲空间对比 ······················ 51

四、都在玩什么——休闲内容 ································ 53
 （一）国民休闲内容总体特征 ··························· 53
 （二）不同属性人群休闲内容特征 ······················ 69

五、旅游休闲街区：国民休闲的活跃区域 ·················· 79
 （一）国内外知名街区、商圈案例解析 ················ 79
 （二）多维视角下的旅游休闲街区 ······················ 85
 （三）需求导向的旅游休闲街区建设方向 ············· 97

六、为了更高品质的国民休闲···99
（一）优化休闲消费环境，释放休闲消费需求潜能·······················99
（二）引导国民休闲观念，提升国民休闲能力······························100
（三）优化休闲产品与服务供给，满足国民休闲需求······················101
（四）构建国民休闲发展的制度保障体系·······································104

一、觉醒的权利、变化的行为与有力的政策

（一）觉醒的权利与变化的行为

国民休闲的人口基数和消费基础空前扩大，社会经济稳步发展为休闲社会发展奠定了稳固的宏观经济基础。全面建成小康社会后，国民休闲将迎来迅猛发展和大幅提升的新阶段。

新冠疫情（以下简称"疫情"），改变了人们的出游认知，旅游与休闲的边界日渐模糊，近地化、在地化旅游成为常态，高频次的本地休闲成为刚性需求，越来越多的人开始选择欣赏身边的美丽风景、感受日常的美好生活。中国旅游研究院（文化和旅游部数据中心）专项调查显示：2022年元旦、春节、清明、五一、端午的出游半径分别为110.3、131.8、95.0、99.6和107.9公里，目的地游憩半径分别为8.7、8.3、4.9、6.0和7.3公里。而疫情前的2019年，游客出游半径和目的地游憩半径分别为270公里和15公里。在出行距离缩短的同时，休闲的频次明显提升，消费场景趋于多元，旅游休闲活动可以发生在社区花园、城市绿道，可以在城市公园、郊野公园、国家公园等一切有风景的开阔开放空间，也可以发生在餐馆、酒吧、咖啡馆、购物中心、菜市场、酒店与民宿等商业环境，还可以发生在图书馆、文化馆、博物馆、美术馆、电影院、音乐厅和戏剧场等文化空间。在多元刚性需求的推动下，体育、冰雪、美食、夜间等多元休闲业态不断涌现。在近郊和周边进行美食体验、体育健身等逐渐成了高频次的休闲方式。

随着人民生活水平稳步改善，国民休闲氛围将日渐浓郁，休闲消费将会实现规模与结构上的同步升级。在消费规模持续扩大的同时，居民的休闲活动选择也日趋多样化，更加注重内涵、更加注重个性化、更加注重文化，也更加注

重休闲品质。中国旅游研究院（文化和旅游部数据中心）专项调查显示，九成以上受访者认为文化消费既是生活必需品又能提高生活质量和幸福感。《中国休闲发展年度报告2021》数据显示，文化休闲已成为城乡居民重要的日常生活选项。近年，城镇居民文化休闲意识日益增强。与2019年相比，2021年城镇居民在闲暇时间选择文化休闲的人数占比稳步上升，且随着闲暇时间增多，城镇居民文化休闲占比增幅呈现扩大趋势，其中，城镇居民工作日、节假日文化休闲占比增幅分别为2.8%和3.81%。中国旅游研究院（文化和旅游部数据中心）专项数据调查显示，2022年春节期间，91.4%的受访者参与了文化体验活动，81.8%的受访者参与两项以上文化体验活动，参观历史文化街区、博物馆、美术馆的人数比重不断上升，城乡居民的文化休闲意识日益增强。

全面建设小康社会以后，以中国梦为代表的、人民群众的美好生活方式成为国内旅游重要的供给要素，历史文化街区、旅游休闲街区、旅游度假区、城市的生活品质成为吸引游客到访的重要元素。越来越多的游客喜欢感知当地文化、体验当地生活方式。于是，以休闲街区为代表的休闲供给体系规划建设将成为地方旅游发力的重要方向，也必将成为未来目的地竞争的主要领域。目前，全国已涌现出一批承载悠久历史、彰显现代时尚与繁荣的知名街区，如北京的南锣鼓巷、上海的南京路、重庆的解放碑，还有成都的宽窄巷子、广州的天河路、哈尔滨的中央大街等。这些街区已成为外地游客和本地市民休闲旅游的必选之地。2021年文化和旅游部、国家发展改革委公示了首批54家国家级旅游休闲街区，对于优化旅游休闲产品和服务供给、更充分满足游客和当地居民的旅游休闲需要具有重要意义。随着国家级旅游休闲城市和街区建设的持续推进，越来越多的休闲街区将成为城市的名片与象征，通过承载商业、旅游、文化休闲等功能，直接反映城市的旅游经济活力与文化环境氛围。

（二）休闲相关政策研究

1. 休闲相关政策文件解读

（1）《国民旅游休闲发展纲要（2022—2030年）》。国民旅游休闲环境及公共服务体系十分重要，为进一步提升我国旅游休闲产品和服务质量，加深相关业态的融合，国家发展和改革委员会（简称"国家发展改革委"）、文化和旅游部联合出台了《国民旅游休闲发展纲要（2022—2030年）》（以下简称《纲要》)。《纲要》明确提出要拓展延伸旅游休闲内容,保障国民休闲质量。

《纲要》指出,从休闲主体出发,要培育现代休闲观念、保障国民旅游休闲时间;从供给端出发,要改善国民旅游休闲环境、丰富优质产品供给、推进国民旅游休闲基础设施建设、发展现代休闲业态、提升旅游休闲体验、推进产品创新升级;对于整体行业而言,要持续深化行业改革、不断加强国际交流。要积极推动国民休闲活动的开展,提高人民群众幸福感,引导国民建立积极健康的休闲生活方式。

在经济高质量发展阶段,幸福感对于经济健康增长十分重要,而国民休闲是衡量幸福感的一个重要指标。随着国民休闲需求快速增长,《纲要》的出台有利于优化节假日布局,丰富休闲活动,为国民打造更好的休闲生活圈。发展新兴休闲业态、实施旅游休闲高品质服务行动等将有助于进一步激发休闲消费内生动力,促进消费增长。

(2)《"十四五"旅游业发展规划》。为不断提升旅游业发展水平,健全现代旅游业体系,更好地满足国民旅游消费需求,国务院推出《"十四五"旅游业发展规划》,以推动国内旅游蓬勃发展,加速文化和旅游深度融合,增强人民精神力量。

《"十四五"旅游业发展规划》提出要构建旅游空间新格局,在综合考虑各大国家发展战略以及生态安全等的基础上,构建"点状辐射、带状串联、网状协同"的全国旅游空间新格局,加快推进旅游现代化建设,建立完善休闲度假体系。该规划明确,要优化城乡旅游休闲空间,充分考虑主客旅游休闲需要,科学布局旅游休闲街区,提升休闲体验,为城乡居民"微度假""微旅游"创造条件。要优化旅游休闲功能,提高空间配置效率,因地制宜推动乡村旅游发展,营造宜居宜业宜游的休闲新空间。要科学布局并配套完善旅游休闲功能区域,做好交通衔接和服务配套。

随着国家综合国力的发展,国民休闲需求快速增长,未来,旅游供给要更加丰富,以满足国民休闲需求多元化的发展。旅游是小康社会人民美好生活的刚性需求,因此要优化城乡旅游休闲空间,同时满足旅游者和当地居民的休闲需求。《"十四五"旅游业发展规划》的出台有利于推动产业健康、多元发展,促进我国旅游业整体实力和竞争力的大幅提升,为提高国民休闲幸福指数提供支持。

(3)《"十四五"文化和旅游发展规划》。"十四五"时期,为进一步丰富完善旅游产品体系，提高旅游供给质量，推动高品质旅游建设以适应国民新需求，文化和旅游部出台了《"十四五"文化和旅游发展规划》。

《"十四五"文化和旅游发展规划》从城市功能、休闲空间、休闲供给等方面明确提出休闲建设方向。要推动更多城市将旅游休闲作为城市基本功能，积极建设城市休闲度假带、休闲街区、骑行与游步道，打造城市多功能休闲区域。要推进以人为核心的新型城镇化和美丽乡村建设，完善休闲基础设施，合理规划建设特色旅游村镇，优化城乡旅游休闲空间。要完善休闲产品供给，立足满足同城化、一体化旅游休闲消费需求进行科学布局。此外，《"十四五"文化和旅游发展规划》明确提出要推动完善国民休闲和带薪休假等制度，增加国民休闲时间，为休闲活动的开展提供更多机会。

"十四五"时期是休闲旅游发展的关键阶段，未来旅游的发展要以满足人民群众美好生活的向往为最终目的。满足休闲需求的首要前提是拥有一定的休闲时间，适当增加带薪休假时间有助于促进国民参与休闲活动，刺激经济增长。未来要重视城乡休闲空间建设，因地制宜推动城镇与乡村旅游差异化发展。疫情下大力开展近郊、近地游，拓展城市休闲空间，促使城市休闲游与乡村休闲游进行良好衔接，提高二者空间利用效率。

（4）《"十四五"公共文化服务体系建设规划》。健全的公共文化服务体系是人民基本文化权益得以实现的重要保障，更是满足国民休闲需求的基本支撑。为保障人民基本文化权益，满足人民日益增长的美好生活需要，文化和旅游部出台了《"十四五"公共文化服务体系建设规划》，以切实规划引导我国公共文化服务水平不断提高。

该规划指出，要深入推进城乡公共文化服务体系一体化建设，进一步完善其公共文化服务标准，增设公共图书馆、文化馆等机构，为国民提供文化休闲场所，努力满足人民群众精神文化需求。要创新培育城市公共文化空间，积极进行创新拓展，推动文化创意融入社区生活场景，为国民提供一批具有鲜明特色和人文品质的新型公共文化空间，营造良好休闲氛围。坚持以人为中心，广泛开展各项活动，经常举办各种公益性文化艺术讲座、展演、展览、展示和培训活动，丰富人民群众的休闲生活，营造良好的城市人文环境，切实推进实施全民艺术普及工程。

在新的历史起点上，国民休闲拥有更高层次的追求，人们不只需要物质方面的简单休闲消费，更需要文化休闲。该规划的出台有利于促进现代公共文化服务体系进一步发展，丰富优质公共文化产品和服务。"十四五"时期，必须立足社会主义初级阶段基本国情，不断提高服务能力与水平，培养高素质专业化人才，为国民精神休闲提供支持。

（5）《关于推进"十四五"农民体育高质量发展的指导意见》。体育是休闲活动的一部分，提高农民体育发展质量有助于更好地完善农民健身公共服务体系。为实现农民全面发展，农村全面进步，农业农村部、国家体育总局、国家乡村振兴局联合出台了《关于推进"十四五"农民体育高质量发展的指导意见》（以下简称《意见》），以期更好地满足农民休闲需求。

《意见》指出，发展农民体育是全面推进乡村振兴、建设体育强国和健康中国的重要任务。要创新农民体育开展形式，促进农体、文体、智体融合，广泛开展农民体育赛事活动，丰富农民休闲生活。要完善农村公共健身设施，深入挖掘乡村体育文化内涵，打造最美乡村体育赛事，积极进行宣传推广。《意见》强调，要坚持党的领导、坚持农民主体、坚持改革创新、坚持融合发展，全面提升农村体育人才质量，合力推动农民体育高质量发展，为国民体育休闲提供坚实基础。

农民体育是农民休闲生活的重要组成部分，更是实现健康中国的重要渠道。《意见》的出台有利于推动农民体育健身事业高质量发展，完善体育休闲基础设施，丰富体育休闲活动，不断满足农民群众对美好生活的需要。农民体育要充分发挥其休闲健身功能，为丰富国民休闲生活、提升幸福感发挥积极作用。

（6）《关于开展旅游休闲街区有关工作的通知》。为贯彻落实党的十九届五中全会和国家"十四五"规划、"十四五"旅游业发展规划的具体举措，满足人民群众休闲需求，丰富休闲产品供给内容，文化和旅游部与国家发展改革委联合推出《关于开展旅游休闲街区有关工作的通知》（以下简称《通知》）。

《通知》提出，要创建国家级旅游休闲街区，塑造旅游休闲城市形象，加强旅游休闲街区品牌建设；开展省级旅游休闲街区认定工作，推出《旅游休闲街区等级划分》（LB/T 082—2021），评定了首批54家国家级旅游休闲街区；将休闲街区建设融入国家经济社会发展大局，探索发展能代表地域文化特色的街区，满足游客及居民的游览、休闲等需求。

"十四五"期间，社会经济的高质量发展为旅游休闲街区提供了良好的经济基础，人民对美好生活的向往也为旅游休闲街区的建设提出了更高的要求。街区是扩大休闲消费的必然产物，具备旅游休闲、文化体验和旅游公共服务等功能，可供人们观光、就餐、娱乐、购物、住宿等。旅游休闲街区也是疫情下旅游恢复的突破口，街区建设有助于打造城市新品牌，强化地域形象。未来，休闲街区应当注重文化资源与旅游的融合，推动释放消费潜力，助推构建新发展格局。

（7）《关于促进消费扩容提质加快形成强大国内市场的实施意见》。消费是推动经济发展的持久动力，疫情之下，消费是提振经济的关键措施，因此，国家发展改革委、中央宣传部、文化和旅游部等23部门联合出台了《关于促进消费扩容提质加快形成强大国内市场的实施意见》，明确提出要重点推进文旅休闲消费提质升级。

该意见指出，要构建文旅多产业、多领域融合互通的休闲消费体系，建设具有中国特色、文化各异的休闲街区、剧场群、旅游演艺等旅游休闲购物场所，培养集合多种业态的消费集聚区。要培育新型文化和旅游业态，加速线上线下旅游产品和服务的融合，建设国家级休闲消费品牌，适应旅游业高质量发展的要求。

新发展阶段，人民群众的消费偏好逐渐向高品质和多样化发展，文旅休闲消费是必然选择。旅游业要充分发挥其乘数效应，与其他产业融合发展，共同推进经济社会高质量发展，成为新时代的幸福产业，发挥旅游业为民、富民、利民、乐民的积极作用。

（8）《关于加强金融支持乡村休闲旅游业发展的通知》。金融支持是乡村旅游休闲业发展的关键。新发展阶段，为拓展乡村多种功能，拓展产业增值增效新空间，农业农村部联合中国农业银行发布了《关于加强金融支持乡村休闲旅游业发展的通知》，以期更好地为乡村休闲提供支撑。

《关于加强金融支持乡村休闲旅游业发展的通知》指出，要聚焦金融支持乡村休闲旅游业的重点，明确其支持区域、主体与领域，优先满足聚焦重点下的乡村休闲旅游经营主体融资需求。要创新支持乡村休闲旅游业的金融服务产品，不断创新金融产品、拓宽融资渠道，助力行业纾困重振，科技赋能智慧金融服务。要优化中国美丽休闲乡村信贷服务体系，健全财务制度，应贷尽贷，为农村集体经济组织提供一定支持。

乡村休闲旅游业的发展需要金融支持，《关于加强金融支持乡村休闲旅游业发展的通知》的发布进一步表明要提升金融服务水平，为打造乡村休闲旅游精品工程提供支持。要充分发挥中国农业银行资金、技术、网点和综合经营优势，加大信贷投放力度，提高融资能力，拓宽融资渠道，为乡村全面振兴和农业农村现代化提供支撑。

（9）《关于推动运动休闲特色小镇建设工作的通知》。为发挥体育在国家脱贫攻坚任务中的作用，服务全民健身与健康事业，国家体育总局推出《关于推动运动休闲特色小镇建设工作的通知》，以推动体育产业发展，推动健康中国建设。

《关于推动运动休闲特色小镇建设工作的通知》提出，运动休闲特色小镇的建设要因地制宜，突出地域特色，依照当地传统体育文化开展体育赛事活动，满足人民群众运动休闲需求。要大胆创新，进行模式创新，促进体育与旅游、健康、文化等多个产业进行融合发展，形成特色鲜明的运动休闲业态，扩大运动休闲特色小镇作用。坚持以人为本理念，聚焦运动休闲、体育健康主题，发挥特色小镇的健康引导作用，提高人民健康水平。

健康中国战略与运动休闲特色小镇的建设高度契合，二者共同促进体育供给侧结构改革，推动体育产业高质量发展。在基层全民健身事业发展的浪潮下，运动休闲特色小镇将成为体育旅游的一种新常态。未来小镇需深度挖掘自身文化元素，高效利用自身资源，与其他产业相融合，走特色发展路线。积极吸引长效投资，推动形成产业聚集形成辐射作用，为城镇经济发展增添新动能。

（10）《关于加快发展健身休闲产业的指导意见》。为增强人民体质，加速全民健身与全民健康融合，培育健身休闲产业，从而实现健康中国，国务院出台了《关于加快发展健身休闲产业的指导意见》。

《关于加快发展健身休闲产业的指导意见》明确从市场供给与产业布局两大方面提出体育休闲建设内容。要完善健身休闲服务体系，向民众普及基础健身活动，同时发展多元户外健身运动，发展特色项目，构建多元健身服务供给体系，形成健身休闲新业态。要鼓励休闲健身企业发展，支持企业创新、发展特色品牌，力争培育一批具有国际竞争力和影响力的领军企业，同时要壮大体育社会组织，积极在城乡社区引导开展健身休闲活动。要优化休闲健身服务产业结构，推动健身休闲产业与其他产业的融合，凭借地域特色，打造一批独特的健身休闲集聚区和产业带。完善健身休闲基础设施，改善健身休闲消费环境，提高国民健身休闲参与度。

为大力促进国民参与健身休闲，国家不断出台相关政策促进健身休闲的发展。在《关于加快发展健身休闲产业的指导意见》出台后，《冰雪运动发展规划

（2016—2025年）》《全国冰雪场地设施建设规划（2016—2022年）》等相关运动产业规划也相继发布，为产业发展带来巨大机遇。健身休闲产业应当以市场为导向，完善服务供给体系，优化产业环境，积极满足人民群众的健身休闲需求。

（11）《关于开展休闲农业和乡村旅游升级行动的通知》。休闲农业和乡村旅游是农业文化旅游的新模式、新业态。为改变中高端乡村休闲旅游产品和服务供给不足的现状，农业农村部出台《关于开展休闲农业和乡村旅游升级行动的通知》，以促进休闲乡村旅游业发展，推进农业供给侧结构性改革，促进农业转型升级。

《关于开展休闲农业和乡村旅游升级行动的通知》指出，要围绕实施乡村振兴战略，以深化农业供给侧结构性改革为主线，努力建设美丽乡村，促进农民就业增收，积极满足居民休闲消费需求，加快推动农业农村现代化。要完善公共设施，改造提升休闲农业村庄的配套服务设施，提高服务水平，组织开展人才培训活动，保证休闲活动顺利展开。要培育更多休闲精品品牌，推动休闲农业和乡村旅游品牌体系建设，积极开展各种主题活动，推介精品景点线路，为国民提供更多休闲产品。

休闲农业与乡村旅游是支持国民休闲的又一渠道，乡村休闲旅游产业的发展有利于改善农村人居环境，便于农民就地创业，有助于培育农业农村发展新动能。实施升级行动对于推进休闲农业和乡村旅游高质量发展，实施乡村振兴战略，加快农业农村现代化，丰富国民休闲活动，实现美丽健康中国都具有十分重要的意义。

（12）《旅游休闲街区等级划分》（LB/T 082—2021）。旅游休闲街区是"旅游城市"向"城市旅游"转型过程中的一种发展形态。为完善城市旅游、休闲等功能和业态，文化和旅游部出台了《旅游休闲街区等级划分》行业标准，确立标准与要求，以保证国家有关街区等资源得到有效保护，确保休闲街区建设工作顺利展开。

该文件指出，要采取有力措施严格执行相关资源保护、遗产保护等法律法规或指导意见，确保相应产品的顺利开发。明确各规划文件要包含各类旅游休闲空间的范围，建设符合城市功能的街区，为旅游者和当地居民营造良好旅游休闲氛围。要建设相应文化广场、文化休闲点、活动空间等，积极开展多样化的休闲活动，丰富居民娱乐休闲生活。应完善相应旅游休闲基础设施与服务，建设充足的咨询服务中心，确保旅游休闲咨询及时得到回复，便利游客出行。

旅游休闲街区应能满足旅游者和本地市民物质与精神消费活动，丰富国民休闲活动，提高幸福感。《旅游休闲街区等级划分》的发布有利于满足多种类的旅游需求，丰富旅游业态、发展夜间旅游、延长休闲娱乐时间，是助推高品质休闲旅游的重要举措。未来各城市应当积极开展休闲街区建设活动，打造具有当地特色的休闲街区。

（13）《关于推动落实休闲农业和乡村旅游发展政策的通知》。休闲农业和乡村旅游是推动农业农村经济发展的新动能。为转变农业发展方式、促进旅游投资和消费，2017年农业部发布了《关于推动落实休闲农业和乡村旅游发展政策的通知》，以推动休闲农业和乡村旅游健康发展。

该通知指出，要贯彻落实好各项休闲农业和乡村旅游政策措施，推进农村一、二、三产业融合发展，深入推进农业供给侧结构性改革，实现农业增效、农民增收、农村增绿。要为本地休闲农业和乡村旅游发展营造良好环境，根据各地实际情况制定具体措施，推动政策贯彻落实，为乡村休闲农业的发展提供支持。

休闲农业和乡村旅游是农业供给侧结构性改革的重要内容，也是繁荣农村、富裕农民重要支撑。《关于推动落实休闲农业和乡村旅游发展政策的通知》的发布，进一步证明了休闲农业、休闲乡村游的重要性，要推进农业与旅游、教育、文化、健康、养老等产业深度融合，推动产业多元发展，为国民提供多种休闲活动。

2. 休闲相关政策文本分析

依托中国政府官方网站以及文化和旅游部、国家发展改革委等官方网站，以"休闲"为关键词进行搜索，通过文本分析对文本中有关休闲的政策动向进行整理和研究，以更好地理解政策动向。

截至2022年7月底，检索与休闲相关的规划、纲要、意见、通知等公文，在剔除重复、相关性较弱的文件后，剩余23项。其中规划类4个，纲要类2个，意见类8个，通知类6个，行业标准3个。具体如表1-1所示。

从政策制定的主体看，在国家层面，与休闲相关的政策公文制定以国务院、文化和旅游部、国家发展改革委为主。具体而言，参与文旅行业政策制定的部门涉及文化和旅游部、国家发展改革委、中央宣传部、市场监管总局、财政部、商务部等23个部门，多部门共同参与保证了政策顺利推行并有效贯彻实施。

表 1-1 国家出台休闲相关政策统计表

类别	序号	文件名称	发文部门	发文时间
规划类	1	《"十四五"旅游业发展规划》	国务院	2022-01-20
	2	《"十四五"文化和旅游发展规划》	文化和旅游部	2021-04-29
	3	《"十四五"公共文化服务体系建设规划》	文化和旅游部	2021-06-10
	4	《"十三五"全国旅游公共服务规划》	国家旅游局	2016-12-27
纲要类	1	《国民旅游休闲发展纲要（2022—2030年）》	国家发展改革委、文化和旅游部	2022-07-18
	2	《国民旅游休闲纲要（2013—2020年）》	国务院	2013-02-18
意见类	1	《关于全面推进乡村振兴加快农业农村现代化的意见》	国务院	2021-02-21
	2	《关于促进消费扩容提质加快形成强大国内市场的实施意见》	国家发展改革委、工业和信息化部、民政部、商务部、文化和旅游部、卫生健康委、市场监管总局、国家体育总局、中央宣传部、农业农村部、财政部、海关总署、税务总局、住房城乡建设部、教育部、人力资源社会保障部、人民银行、移民局、自然资源部、交通运输部、邮政局、扶贫办、供销合作总社	2020-02-28
	3	《关于加快发展健身休闲产业的指导意见》	国务院	2016-10-28
	4	《关于大力发展休闲农业的指导意见》	农业部、国家发展改革委、财政部、国土资源部、住房城乡建设部、水利部、文化部、人民银行、林业局、国家旅游局、国务院扶贫办等14部门	2016-09-01
	5	《关于落实发展新理念加快农业现代化实现全面小康目标的若干意见》	国务院	2015-12-31
	6	《关于进一步促进旅游投资和消费的若干意见》	国务院	2015-08-11
	7	《关于促进旅游业改革发展的若干意见》	国务院	2014-08-21
	8	《关于推进"十四五"农民体育高质量发展的指导意见》	农业农村部、国家体育总局、国家乡村振兴局	2022-06-20

一、觉醒的权利、变化的行为与有力的政策
Part 1　Awakening Rights, Changing Behaviors and Powerful Policies

续表

类别	序号	文件名称	发文部门	发文时间
通知类	1	《关于开展旅游休闲街区有关工作的通知》	文化和旅游部、国家发展改革委	2021-04-26
	2	《关于加强金融支持乡村休闲旅游业发展的通知》	农业农村部、中国农业银行	2021-05-17
	3	《关于开展休闲农业和乡村旅游升级行动的通知》	农业农村部	2018-04-13
	4	《关于推动运动休闲特色小镇建设工作的通知》	国家体育总局	2017-05-11
	5	《关于推动落实休闲农业和乡村旅游发展政策的通知》	农业部	2017-05-27
	6	《关于实施旅游休闲重大工程的通知》	国家发展改革委、国家旅游局	2016-12-14
行业标准	1	《旅游休闲街区等级划分》（LB/T 082—2021）	文化和旅游部	2021-04-01
	2	《国家绿色旅游示范基地》	国家旅游局	2016-01-05
	3	《国家蓝色旅游示范基地》	国家旅游局	2016-01-05

图1-1　政策主题词云图

近年来，文化和旅游部、国家发展改革委等部门贯彻落实党中央决策部署，围绕休闲需求、休闲供给、休闲空间、休闲时间等方面制定了一系列政策，推

进国民休闲消费。对休闲相关的政策文件进行统计分析发现，国家层面出台围绕休闲的政策高频词，主要涉及"休闲、旅游、发展、文化、建设、服务"等（见表1-2、图1-2）。在我国疫情多地局部暴发和零星散发的宏观背景下，近距离休闲与远距离旅游呈现此起彼伏态势，国家积极创新、出台与休闲相关的政策，力争以政策支撑促进国民休闲发展，不断提升人民幸福感。

表1-2　高频词汇统计表

序号	单词	词频
1	旅游	699
2	休闲	589
3	发展	374
4	文化	303
5	建设	254
6	服务	221
7	乡村	199
8	农业	190
9	健身	155
10	公共	144
11	产业	138
12	加强	119
13	推动	118
14	鼓励	107
15	推进	104
16	支持	102
17	城市	100
18	提升	99
19	特色	92
20	体育	89
21	农村	87

一、觉醒的权利、变化的行为与有力的政策

Part 1 Awakening Rights, Changing Behaviors and Powerful Policies

续表

序号	单词	词频
22	设施	86
23	产品	81
24	完善	79
25	消费	77
26	企业	76
27	实施	74
28	促进	74
29	开展	74
30	社会	73
31	活动	71
32	一批	71
33	资源	68
34	融合	63
35	运动	63
36	规划	62
37	加快	62
38	项目	60
39	创新	59
40	需求	58
41	重点	57
42	工作	56
43	相关	55
44	保护	55
45	组织	55
46	积极	55
47	空间	52

续表

序号	单词	词频
48	政策	52
49	引导	52
50	群众	51

图1-2 政策高频词词云图

本报告对2022年国民休闲行为的调查，主要是通过中国旅游研究院的自主网络平台，以问卷调查的方式获取数据。具体对北京、上海、广州、成都、西安、长沙、沈阳、武汉、南京、杭州十个城市的城乡居民进行调查。调查内容以休闲时间、休闲空间以及休闲内容三大方面所反映的国民休闲特征为主。

二、时间都去哪儿了——休闲时间

考虑到我国城乡居民休闲行为存在较大差异，本报告将我国居民分为城镇居民、农村居民及退休居民三大类进行研究。由于存在大量的农村居民进城务工现象，因此本报告划分城镇居民和农村居民的主要依据是居民所从事的产业，而不是其户口状况。本报告将从事第一产业的居民划为农村居民，他们主要从事农、林、牧、渔行业；将从事第二、三产业的居民划为城镇居民。考虑到居民在一年中不同时期的休闲时间特征显著不同，所以将城镇居民的休闲分为工作日休闲、周末休闲和节假日休闲共三类。对于农村居民的研究发现，随着科技水平的提升，农村居民农忙与农闲的工作时间差距逐渐缩小，故本研究不再单独对农村居民的休闲时间进行农忙、农闲划分。

（一）中国居民休闲时间总体特征

鉴于中国城镇居民与农村居民在休闲时间和休闲内容上存在显著不同，我们根据两类居民的工作特点对城乡居民的休闲时间分别进行调查。在持续调查过程中，我们将居民一天24小时的时间总体分成五部分：工作时间（或家庭有偿生产经营活动时间）、无偿劳动时间、交通时间、休闲时间、生理活动时间。

从全天时间利用结构来看，随着国民生活水平的提升，休闲成为城乡居民继工作（有偿劳动）和生理活动之后的首要选项，已构成城乡居民日常生活的重要组成部分。休闲时间每日平均处于3.89~4.8个小时。

从全年来看，2022年城镇和农村居民的平均总休闲时长分别为1522.4小时和1511.1小时，比疫情前的2019年分别增加了289.3小时和365小时。

对近两年时间利用结构的调查发现，在疫情防控常态化、多地局部散发的宏观背景下，居家办公大大降低了交通时间成本，在休闲时间增加的同时，工作时间也有所增加。如图2-1所示，城镇居民全年工作时间、休闲时间分别比2021年增加了192.6小时、66.6小时；但交通时间大幅减少，由2021年的1191.9小时降低为2022年的852小时，减少了339.9小时。

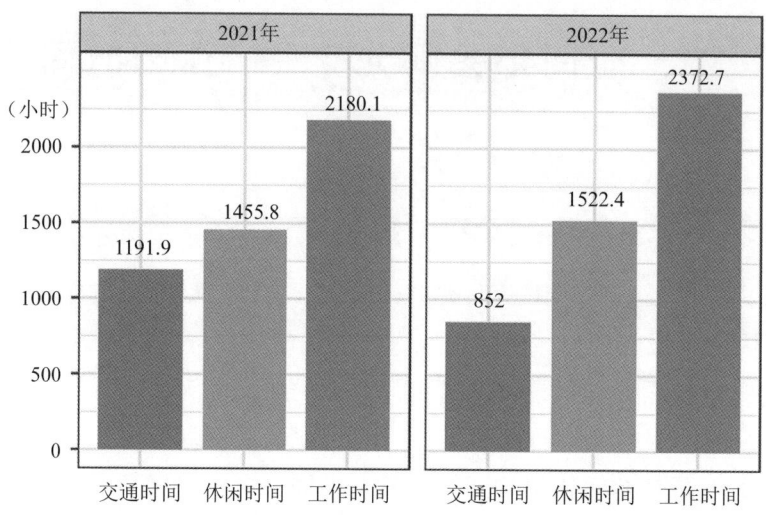

图2-1 城镇居民年度休闲时间、工作时间、交通时间的变化趋势

对时间利用结构的调查发现，半数以上城乡居民工作时间较长。城镇居民8小时以上及农村居民6小时以上占比均超过70%。其中，有55.51%的城镇居民工作时间为8~10小时，有14.71%的城镇居民工作时间达10小时以上（见表2-1）。从未来发展趋势来看，居民休闲时间增长仍面临较大压力。工作时间过长、休闲时间不足仍将成为影响国民休闲需求进一步释放的关键因素。

表2-1 城镇居民工作时长占比

工作时长	占比
不到6小时（不含6小时）	21.82%
6~8小时（不含8小时）	7.96%
8~10小时（不含10小时）	55.51%
10小时以上	14.71%

1. 城镇居民休闲时间较疫情前呈现较大幅度增长，周末休闲日趋常态化

从时间利用结构来看，休闲成为城镇居民继工作、生理活动之后的首要选择。城镇居民工作日与周末、节假日等不同时间段的休闲时间差异较大。总体来看，如图2-2所示，人们更愿意在周末进行休闲活动，休闲时间最长，达4.8小时，分别比工作日和节假日高出0.91小时和0.19小时。

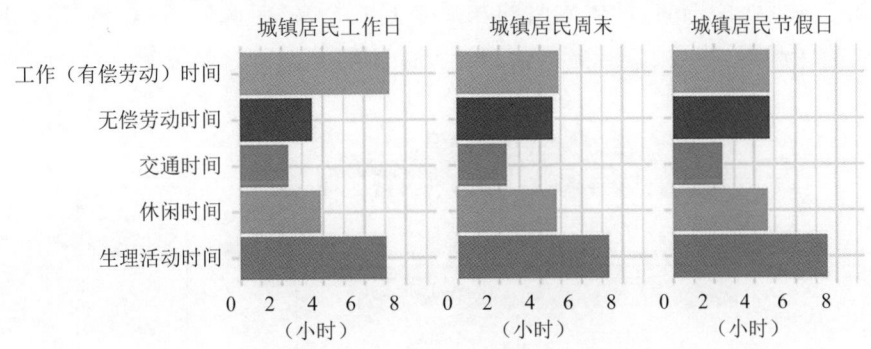

图2-2　2022年城镇居民时间分配图

自2019年底新冠疫情发生以来，人们受到远距离出行限制的影响，旅游需求的本地化、在地化休闲转化现象明显。同时，人们对健康、休闲的认知更加强烈，全民健康、国民休闲的意识不断觉醒。从2019年至2022年的休闲时间变化来看，城镇居民工作日、周末、节假日休闲时间均呈现不同程度的增长，其中，周末休闲时间增幅最大（见图2-3）。

工作日休闲时间。近年来，城镇居民工作日休闲时间呈现增长趋势。城镇居民的时间除了工作时间外，还包括进行一般家务劳动的无偿劳动时间、交通时间、休闲时间以及满足个人生理需要的必要时间。在对城镇居民进行的调查问卷中，城镇居民工作日的休闲时间呈现增长趋势，从2019年的每日3.3小时到2021年的每日3.82小时，然后上升至2022年的3.89小时，比2019年增加了17.88%。这在一定程度上反映了随着经济发展，我国城镇居民不断注重生活品质，越来越注重休闲时间的分配，国民休闲意识有所提升。

周末休闲时间。与2019年相比，2022年我国城镇居民周末休闲时间大幅增长，由3.44小时增加至4.8小时，增加了1.36个小时，增幅高达39.53%。与工作日和节假日横向相比，城镇居民在周末进行休闲的意愿较高，愿意利用周末闲暇时间更好地开展休闲活动。城镇居民周末休闲日趋常态化，周末成为城镇居民进行休闲活动的重要时段。这可能是因为：一方面，疫情以来人们更加注重健康，因此投入更多时间到休闲活动上；另一方面，周末闲暇时间支配相对灵活，在休闲需求固态化增强的形势下，周末闲暇时间得以休闲化利用。

节假日休闲时间。2022年城镇居民节假日休闲时间平均每日4.61小时，与2021年相比，增加了0.21小时，但与2019年相比增加了0.85个小时，增幅达22.61%。城镇居民节假日休闲时间与周末基本持平，远高于工作日，这进一步说明居民休闲时间与闲暇时间密切相关，随闲暇时间增多而上涨。

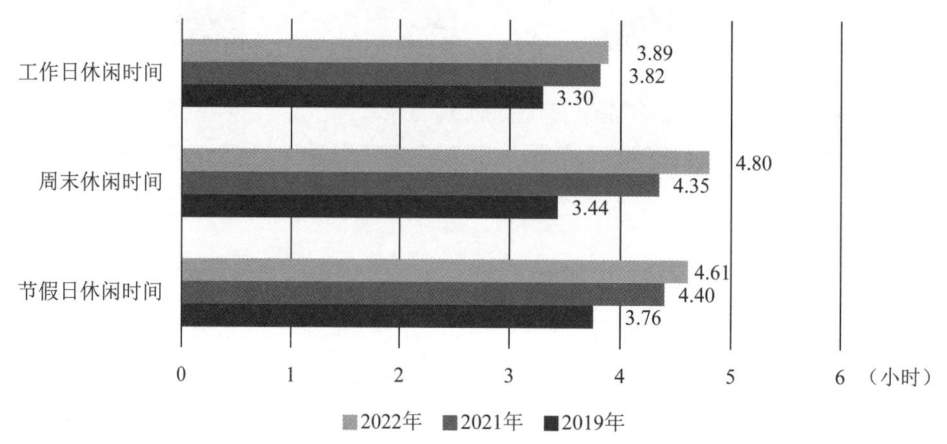

图2-3 城镇居民休闲时间变化

从上述图表可知，2022年我国城镇居民休闲时间较2019年、2021年出现增长。从绝对值来看，居民工作日时间安排较紧张，休闲时间最少，涨幅也较小。城镇居民节假日的休闲时间略少于周末，周末是城镇居民休闲时间最长的时间段、涨幅也最大，反映了在闲暇时间相对充裕的时段，国民休闲需求的常态化趋势。总体上而言，我国城镇居民的休闲时间总量较疫情前的2019年呈现出相对较大幅度的增长态势。

2. 农村居民休闲时间较疫情前增加了1小时

与城镇居民不同，农村居民的务农时间具有季节性和周期性，主要围绕农时而波动，但在同一周期内的波动规律不明显，所以不能以工作日、周末、节假日来划分农村居民的时间分配，而应该以农忙时节和农闲时节两个大的周期类型来划分，但随着科技水平的提升，农业机器大量投入使用，农村居民农忙与农闲的工作时间差距逐渐缩小，休闲时间的差异性不再如以往一样明显，故本报告不再划分农忙时休闲和农闲时休闲。

从时间利用结构（见图2-4）来看，2022年农村居民每日进行农活等有偿家庭生产经营活动的时间最长，为6.70小时，其次为生理活动时间（包括个人卫生、吃饭、睡觉、如厕等时间），二者共计13.29小时，占据全天24小时的55.38%。休闲时长排名第三，为4.14小时，这一定程度上反映了，随农耕技术的发展以及农村居民生活理念的转变，农村居民劳动效率不断提升，有偿生产经营活动时间相应减少，休闲逐渐成为农村居民闲暇时间的重要选择。

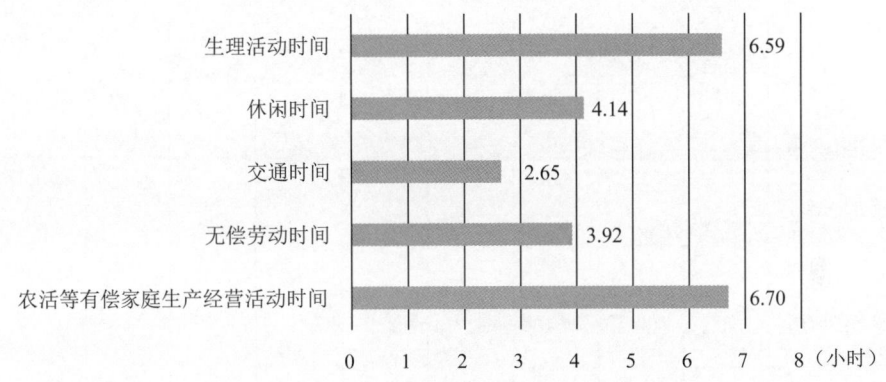

图2-4　2022年农村居民时间分配对比图

从纵向对比（见图2-5）来看，2022年农村居民休闲时间比疫情前的2019年增加了1个小时，增幅达31.85%，虽较2021年略有下降，但两年日均休闲时间都维持在4小时以上。这一方面反映了农村居民休闲意识的日趋觉醒，另一方面也说明疫情防控常态化背景下，休闲逐渐成为农村居民相对稳定的活动选择。

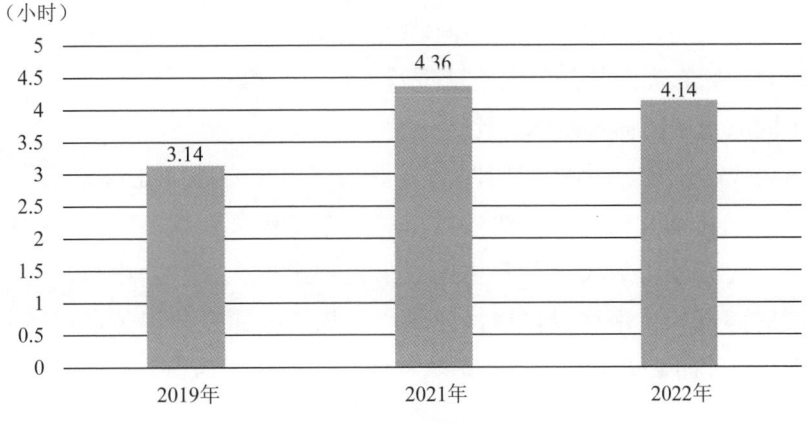

图2-5　农村居民休闲时间变化

3. 退休居民休闲时间最长，休闲时间占全天时间的比重最高

从时间利用结构（见图2-6）来看，退休居民的生理活动需要以及照料孩子、家务劳动等无偿劳动占用时间较长，达11.83小时，从事有偿劳动的时间较少。休闲时间仅次于生理活动时间，达5.66小时，占全天时间的比重达23.58%，远高于城镇居民和农村居民。

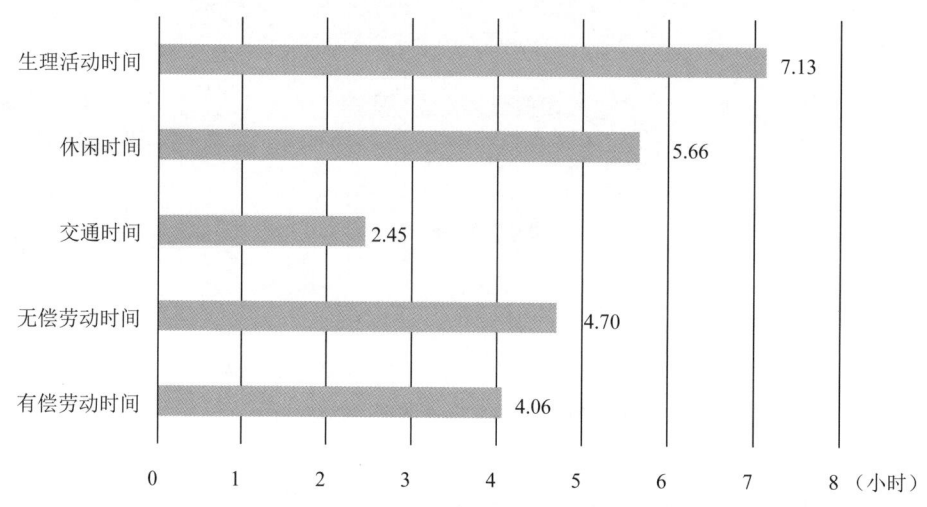

图2-6　2022年退休居民休闲时间分配对比图

从变化趋势来看，2022年退休居民休闲时间大幅增加，从2021年的3.81小时增加到5.66小时，增幅达48.56%。这说明随着国民休闲意识的觉醒和日趋常态化，退休居民也逐渐将大量时间用于休闲活动。

鉴于不同性别、不同年龄和不同收入的人群的休闲时间存在显著不同，本报告分别对不同人群的休闲时间特征进行研究。

4. 不同城市居民休闲时间对比

城镇居民与农村居民在休闲时间方面的区域差异小于退休居民。总体上，沈阳城镇居民休闲时间最长，沈阳城镇居民在工作日和周末时间段内休闲时长排名第一，北京城镇居民节假日休闲时长位列第一；长沙、南京、北京的农村居民休闲时间较长；南京退休居民休闲时间最长，而广州退休居民休闲时间最短（见表2-2、图2-7）。

二、时间都去哪儿了——休闲时间
Part 2 Where Was the Time? — Leisure Time

表 2-2 2022 年不同城市居民休闲时间对比

（单位：小时）

城市	城镇居民工作日	城镇居民周末	城镇节假日	农村居民	退休居民
北京	4.11	5.25	5.2	4.43	5.75
上海	3.53	4.52	4.49	3.60	4.80
广州	3.45	4.35	4.56	4.00	3.35
成都	4.44	5.19	5.19	3.72	5.41
西安	3.85	4.45	4.27	3.99	5.00
长沙	3.80	4.25	4.13	4.75	5.00
沈阳	4.95	6.13	4.59	4.09	7.21
武汉	3.85	4.59	4.56	3.65	5.48
南京	3.91	4.77	4.75	4.46	7.86
杭州	3.19	4.66	4.65	3.49	4.89

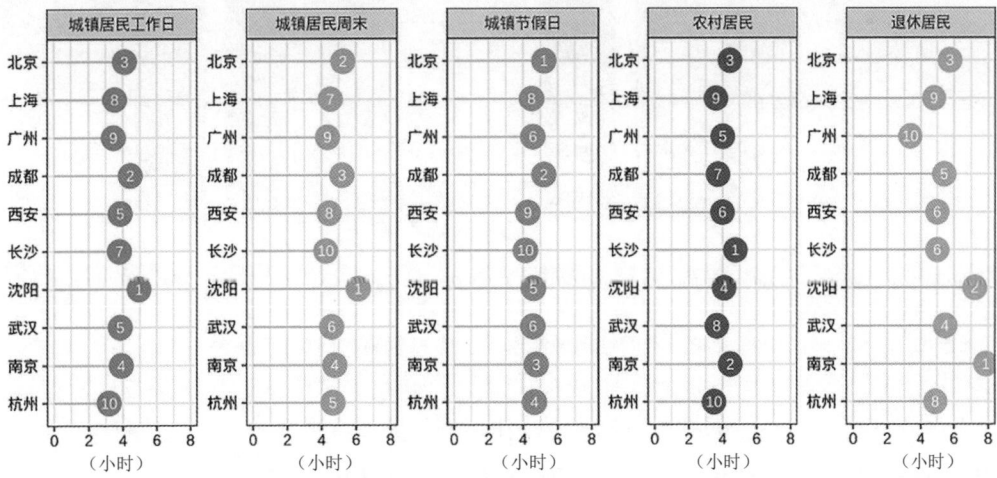

图 2-7 2022 年不同城市居民休闲时间对比及排名

（二）不同性别人群休闲时间特征

1. 不同性别城镇居民休闲时间：女性居民休闲时间略多于男性，周末差距较大

近年来，女性城镇居民工作日休闲时间略少于男性，但2022年女性休闲时长超过男性。图2-8显示了2019年及2021年和2022年不同性别城镇居民工作日的平均休闲时长情况。2019年和2021年，男性城镇居民的休闲时间多于女性，但性别差异在缩小。2019年男性与女性之间的休闲时间相差0.09小时，到2021年差距缩小至0.05小时。2022年，女性城镇居民休闲时长超过男性，高出0.27小时。总体而言，男性休闲时间呈现先增后减的趋势，女性休闲时间则逐年增加，但总体上休闲时间有所增加，这说明文旅融合时期我国城镇居民工作日的休闲时间较之以往更加充足。

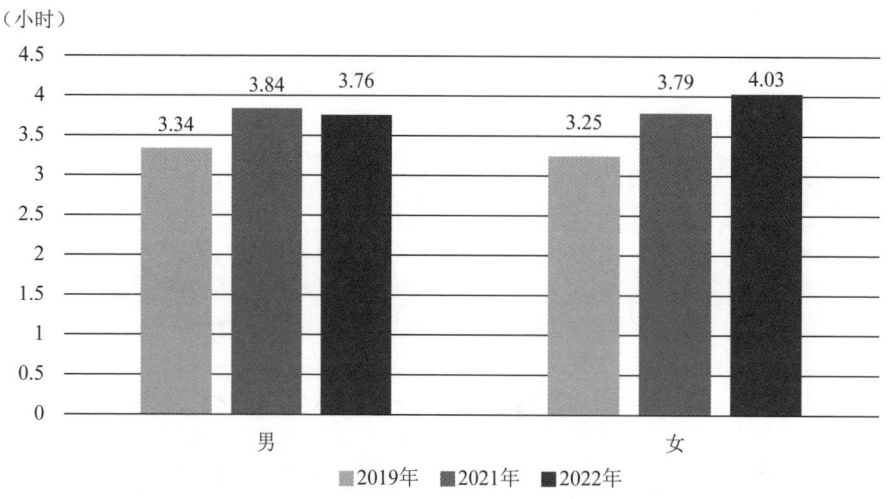

图2-8 不同性别城镇居民工作日休闲时间对比图

与工作日相比，周末时段居民休闲时间性别差异最大，女性城镇居民比男性多0.45小时。从休闲时间变化趋势来看，女性休闲意识有所提升，周末休闲时间较2019年有了大幅增长。2019—2022年期间，男性城镇居民休闲时间增加了1.11小时，而女性休闲时间则由3.4小时增加至5.04小时，休闲时长增加了1.64小时，远高于男性城镇居民（见图2-9）。

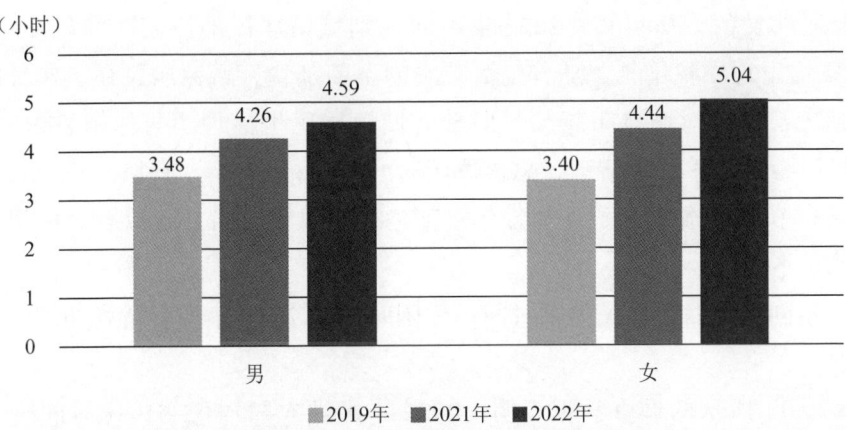

图 2-9　不同性别城镇居民周末休闲时间对比图

图 2-10 显示，不同性别城镇居民在节假日的休闲时间没有明显差异。2022年，男性、女性城镇居民节假日休闲时间均为 4.61 小时。从纵向数据来看，2019 年到 2022 年期间，女性和男性的节假日休闲时长均出现一定幅度的上涨。男性休闲时间从 2019 年的 3.67 小时增加至 2021 年的 4.32 小时，然后增至 2022 年的 4.61 小时；女性则由 2019 年的 3.88 小时增加为 2021 年的 4.48 小时，然后涨至 2022 年的 4.61 小时。无论是从年度水平还是从年度增幅来看，城镇居民节假日休闲时间的性别差异均不明显。

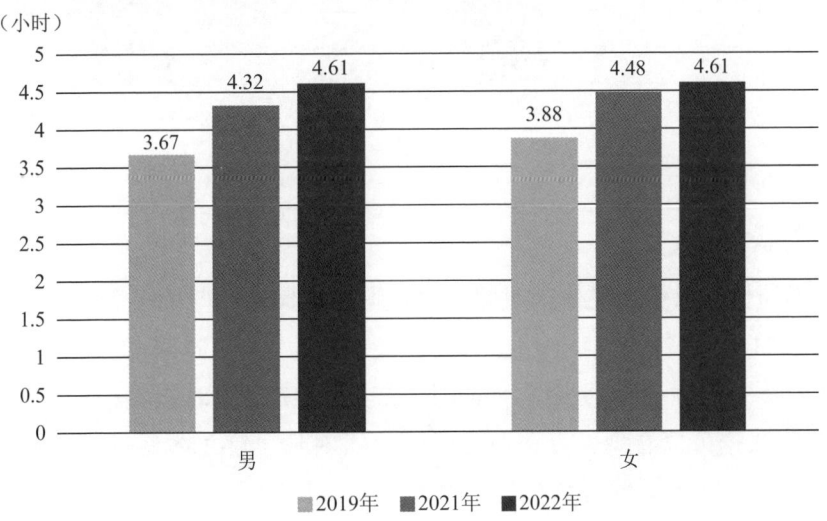

图 2-10　不同性别城镇居民节假日休闲时间对比图

根据前文的分析可知，2022年不同性别城镇居民的休闲时间较2019年与2021年均出现小幅增长。随着生活节奏的不断加快，城镇居民在工作日的压力越来越大，工作时间越来越长，但随着城镇居民生活理念与休闲意识的增加，城镇居民会更注重休闲活动，总体休闲时间有小幅增长。同时，与工作日相比，在周末和节假日城镇居民通常会有相对充裕的休闲时间，城镇居民休闲时间的性别差异不大。

2. 不同性别农村居民休闲时间：休闲时间较2019年均有所增加，男性略少于女性

图2-11所示的调查数据表明，2022年男性农村居民的休闲时间少于女性农村居民，男性、女性分别为3.9小时和4.28小时，这可能是因为男性农村居民需要承担更多的农作活动，因此休闲时间相对于女性而言较少。从纵向时间上来看，男性和女性农村居民的休闲时间均逐年增加。

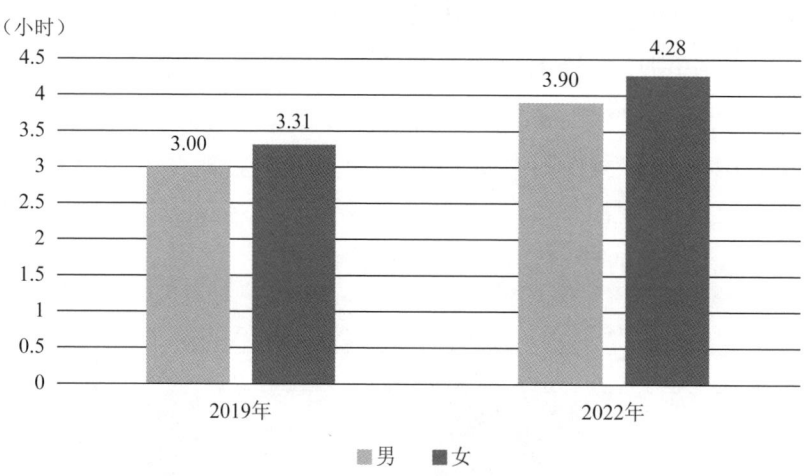

图2-11 不同性别农村居民休闲时间对比图

3. 不同性别退休居民休闲时间：男性退休居民休闲时间多于女性

从2021年到2022年，男性和女性退休居民休闲时间均大幅增长（见图2-12），其中男性退休居民休闲时间增加了2.07个小时，增幅达52.94%。从2022年的数据可以看到，男性退休居民的休闲时间较女性更多，主要原因可能是女性退休居民在退休后承担更多家务劳动与照顾小孩的任务，因此休闲时间较男性为少。

二、时间都去哪儿了——休闲时间

Part 2 Where Was the Time? — Leisure Time

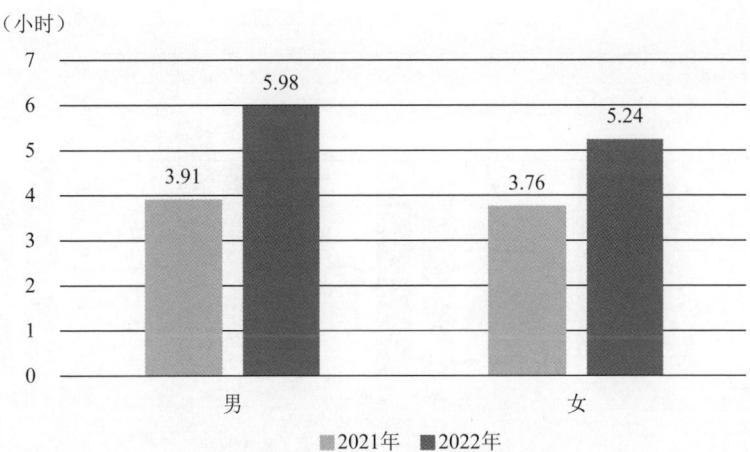

图 2-12 不同性别退休居民休闲时间

（三）不同年龄人群休闲时间特征

1. 不同年龄城镇居民的休闲时间：城镇居民休闲时间随年龄变化的波动相对较为明显，基本呈现随年龄增长先波动增加后减少的趋势

2022 年，30~44 岁的城镇居民工作日平均休闲时间最少，45~59 岁城镇居民的平均休闲时间则最多。调查结果（见图 2-13）显示，年龄在 30 岁到 44 岁的城镇居民在工作日的休闲时间最少，这与其家庭和事业都处于上升期，在内需要照顾家人，在外需要为事业而奋斗有关，因此，相应地，其休闲时间就相对较少。其次是 15~29 岁的城镇居民，他们处于学习或刚刚步入社会的阶段，学习与工作的压力较大，休闲时间亦相对较少。再者是 60 岁以上的城镇居民，他们年龄已经较大，大多数已经退休，生活中也已经由照顾家人的主体逐渐转变为需要关照的群体，休闲时间会有所增加。而 45 岁到 59 岁的城镇居民正处于事业稳定期，在工作方面的压力较小，且子女大多已成年，有更多时间开展休闲活动。从纵向来看，2019—2022 年期间，15~29 岁、60 岁及以上人群的休闲时长均只有小幅波动，45~59 岁居民的休闲时间则是逐年增加，与 2019 年相比，2022 年他们的休闲时间增加了 27.47%，而 30~44 岁居民的休闲时间则是逐渐减少，这说明近年来他们的压力不断增加，从而压缩了他们的休闲时间。

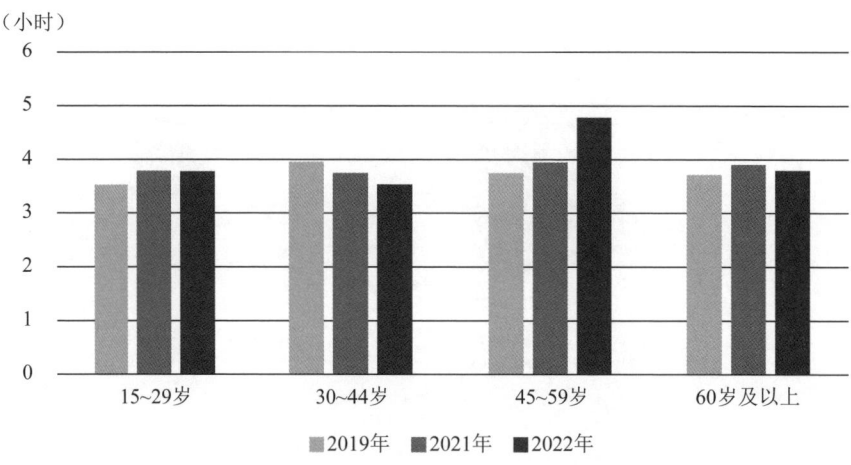

图 2-13　不同年龄城镇居民工作日休闲时间

图 2-14 显示，2019—2022 年期间，60 岁以下的城镇居民周末休闲时间逐年增加，其中，45~59 岁居民的周末休闲时间增加最多，增幅为 60.45%，而 60 岁及以上的城镇居民周末休闲时间呈现出先增长后略降低的态势。2022 年，45~59 岁的城镇居民周末休闲时间最多，高达 5.68 小时；其次是 15~29 岁的城镇居民，平均休闲时间为 4.92 小时；再者是 30~44 岁的城镇居民，其平均休闲时间为 4.41 小时；最后是 60 岁及以上的城镇居民，其周末平均休闲时间最少，平均为 4.03 小时。

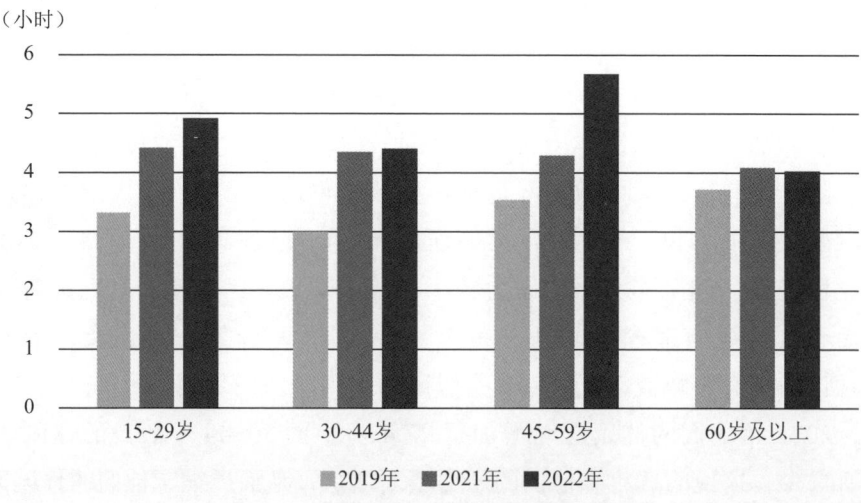

图 2-14　不同年龄城镇居民周末休闲时间

2022年，15~29岁城镇居民节假日休闲时间最多，60岁及以上的城镇居民休闲时间最短，从分布上看呈现两端极化的状态。从图2-15中可以看出，2022年15~29岁城镇居民节假日休闲时间最多，平均为4.96小时，且较2019年增加得最多，增幅达到40.51%；60岁及以上的城镇居民休闲时间最短，平均为3.98小时，这可能是因为青年人休闲生活更为丰富、休闲方式更为灵活自由，而60岁以上人群更易受疫情影响而减少在节假日开展传统旅游休闲活动的时间。从纵向上看，15~29岁、45~59岁的城镇居民节假日休闲时间逐年增加，而30~44岁、60岁及以上的城镇居民节假日休闲时间呈现小幅波动。

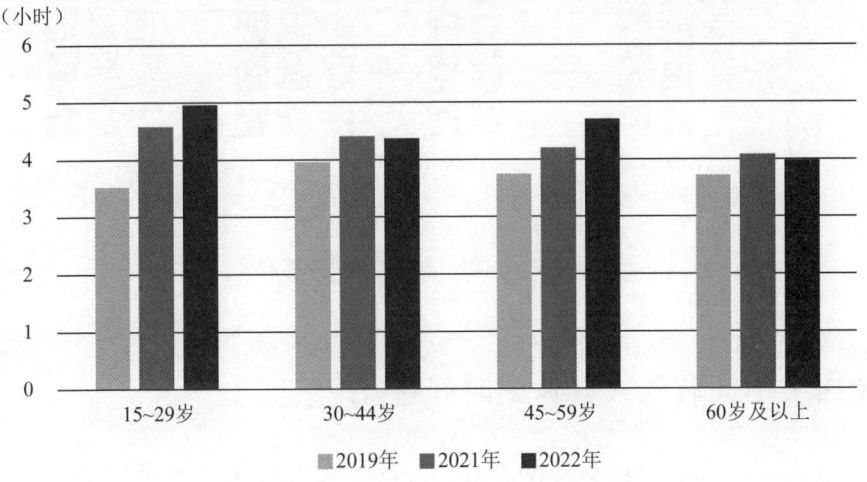

图2-15　不同年龄城镇居民节假日休闲时间

2. 不同年龄农村居民的休闲时间：农村居民休闲时间随年龄变化的波动幅度较小

2022年，农村居民休闲时间随年龄呈现波动性变化。总体而言，如图2-16所示，除了60岁及以上年龄段的居民外，其余年龄段居民的休闲时长差异不大，均在4小时左右浮动，其中45~59岁居民的休闲时间最长，平均为4.22小时；60岁及以上的农村居民休闲时间最短，平均为3.74小时。在农村，60岁以上老年人一般在承担照顾孩子、做家务活等任务的同时，还会力所能及地做一些农活，而且这部分群体体能有限，需要更多休息时间以恢复体力，因此其休闲时间可能比较少。从纵向时间来看，15~29岁和45~59岁农村居民的休闲时间呈现先增加后减少的趋势；30~44岁农村居民的休闲时间呈现逐年增加的趋势，2019年到2022年增加了40.54%；60岁及以上的农村居民休闲时间变化最大，呈现先增加后减少的趋势。

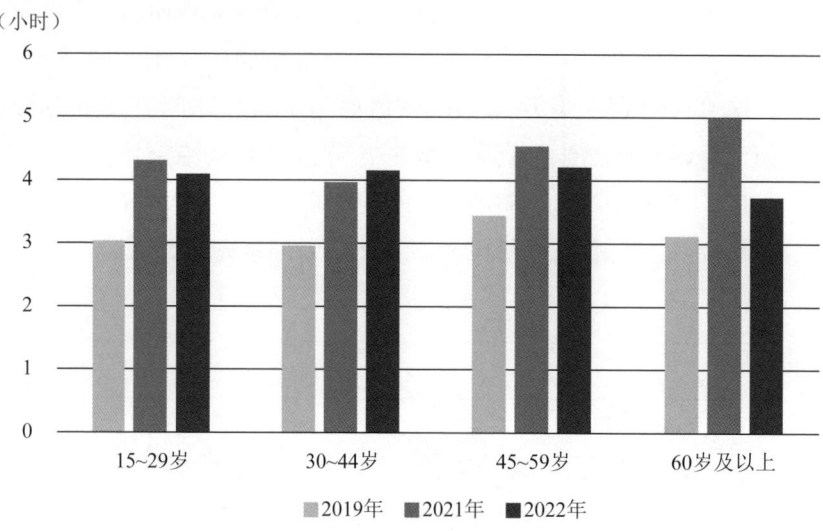

图 2-16　不同年龄农村居民休闲时间

（四）不同收入人群休闲时间特征

1. 从收入看城镇居民的休闲时间：高收入人群周末、节假日的休闲时间相对较多

总体而言，城镇居民2022年的工作日休闲时间受收入影响波动较小。将城镇居民月收入大致分为低、中、高三个等级，低收入为5000元以下，中收入为5001到10 000元，高收入为10 000元以上。调查结果表明，随着收入增加，2022年城镇居民工作日的休闲时间呈现先增加后减少的变化趋势。高收入人群2022年在工作日的日平均休闲时间为3.8小时，中等收入的人群平均休闲时间为4.12小时，低收入的工作日休闲时间为4.05小时。从纵向发展来看，2019—2022年，各个收入段居民的工作日休闲时间呈现不同形式的变化（见图2-17）。中、高收入的城镇居民休闲时间逐年增加，其中，5001~10 000元阶段的收入人群休闲时间增加得最多，增幅为37.33%；5000元以下收入的城镇居民工作日休闲时间则是从2019年的6小时减少至2021年的4.03小时，然后小幅回升至2022年的4.05小时。

二、时间都去哪儿了——休闲时间
Part 2 Where Was the Time? — Leisure Time

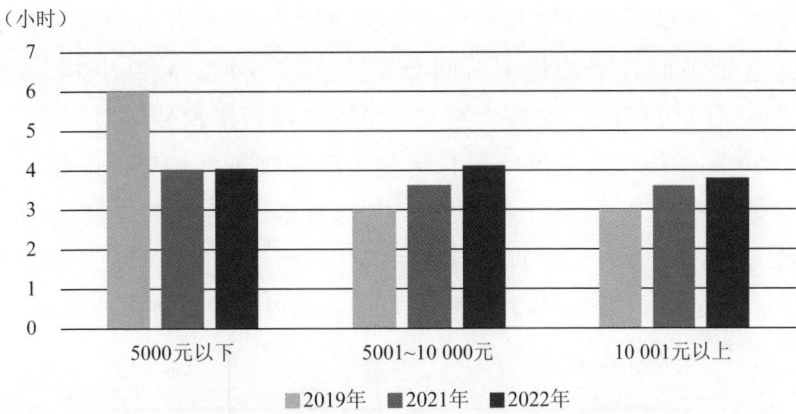

图 2-17 不同收入城镇居民工作日休闲时间

2019—2022年，不同收入阶段的城镇居民周末休闲时间呈现不同的变化趋势（见图 2-18）。中高收入的城镇居民，其周末休闲时间逐年增长，低收入居民周末休闲时间呈现"U"形下降趋势。其中，5001~10 000元收入阶段的居民休闲时间增加得最多，由 3.51 小时增加到 5.33 小时，增幅为 51.85%；中高收入阶段的城镇居民周末休闲时间要远多于工作日休闲时间；5000元以下的城镇居民周末休闲时间有明显减少趋势，从 2019 年的 5.53 小时降低至 2021 年的 4.3 小时，然后小幅涨至 2022 年的 4.38 小时，其变化趋势与居民工作日休闲时间的变化趋势基本一致。

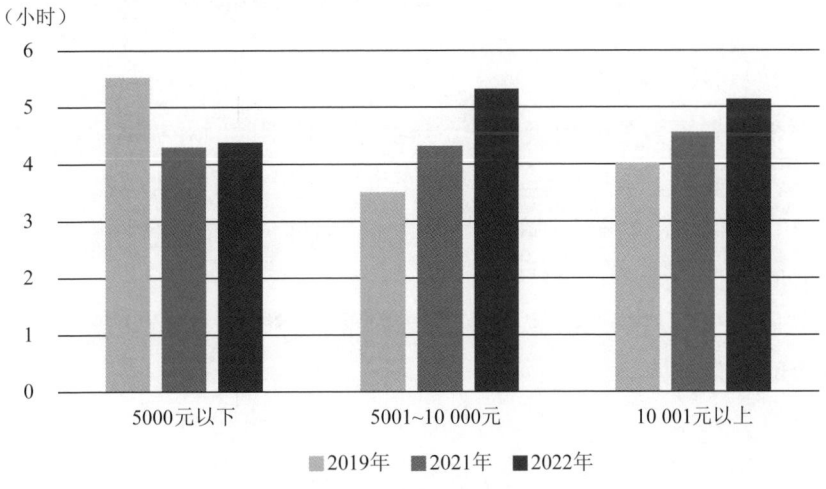

图 2-18 不同收入城镇居民周末休闲时间

2022年，城镇居民节假日休闲时间随收入增加而增加（见图2-19）。低中高收入人群节假日平均休闲时间分别为4.37小时、4.89小时、5.15小时，与其周末休闲时间相比，节假日各收入阶段的城镇居民休闲时间变化并不大。2019—2022年，低收入人群节假日休闲时间呈现下降趋势，中收入人群呈现"U"形下降趋势，从2019年的5.83小时降低至2021年的4.25小时，然后回升至4.89小时；高收入人群的节假日休闲时间则呈现逐年增长的趋势，这说明疫情的外部因素对他们的影响相对较小，他们仍投入相对较多的时间用于休闲。

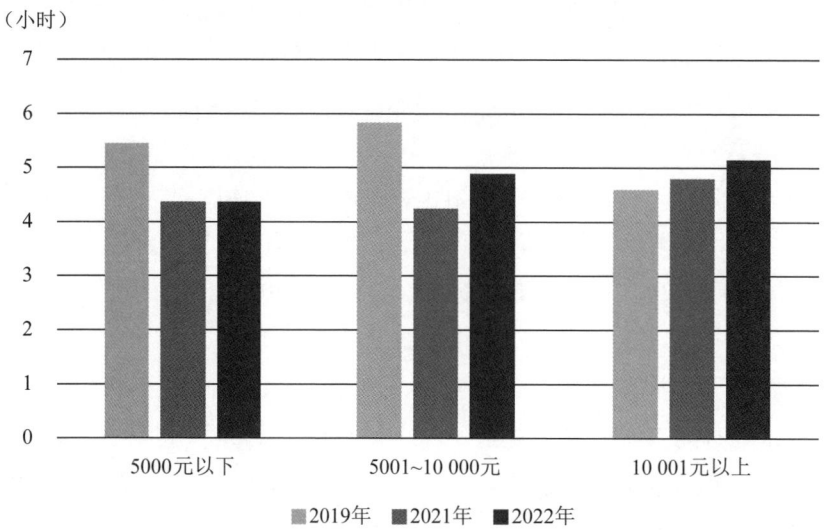

图2-19 不同收入城镇居民节假日休闲时间

根据以上分析可以发现，收入越高的人群休闲时间相对越多，或是因为高收入人群能花费更多的钱购买劳务，从而增加休闲时间并提高生活质量；或是因为高收入人群的工作具有技术密集型特征，所以休闲时间会增多。总体而言，2019—2022年，城镇居民中高收入人群休闲时间一般呈增长趋势，而低收入人群休闲时间基本呈现"U"形减少态势。

2. 从收入看农村居民的休闲时间：休闲时间随年人均收入增加而呈现先增加后减少的变化趋势

对农村居民来说，将年收入5000元以下的人群定为低收入人群，年收入5000到15 000元的人群定为中等收入人群，年收入15 000元以上的人群定为高收入人群。从2022年的数据来看，农村居民休闲时间随居民收入增加呈现

二、时间都去哪儿了——休闲时间
Part 2　Where Was the Time? — Leisure Time

倒"U"形变化。农村居民低、中、高收入人群的平均休闲时间分别为 3.64、4.29、3.29 小时。农民的有偿劳动有劳动密集型特征,劳动越多收益相对越大。对于高收入农村居民,其往往不愿舍弃获取高收益的时间,不愿将之用于休闲,因此呈现出休闲时间随收入增加边际效益递减的特征;而中等收入人群,其具有购买机械化设备或者租用机械化设备的能力,也愿意以相对可以接受的收益损失来换取身心放松,所以该人群成为休闲时间最长的群体。从纵向来看,2019—2022 年中低收入人群的休闲时间呈现先增加后减少的趋势,而高收入人群则呈现休闲时间逐年减少的趋势,他们用于休闲的时间在 2019 年到 2022 年期间降低了 42.68%(见图 2-20)。

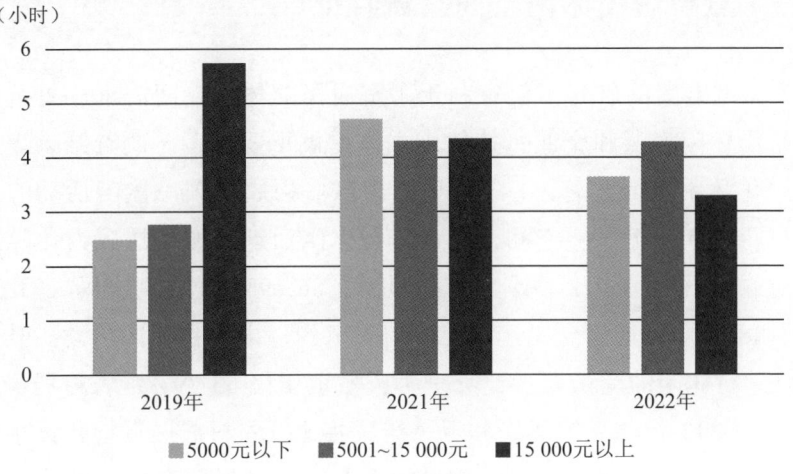

图 2-20　不同收入农村居民休闲时间

三、诗有多近　远方有多远——休闲空间

（一）城乡居民休闲空间总体特征

对于休闲空间的研究不仅有利于了解居民的休闲空间需求，更重要的是将为政府布局休闲产业和企业打造休闲主体提供重要参考。调查结果表明，城乡居民近地化休闲特征显著，1~3公里以内区域构成了国民休闲活动的主体空间范围；在距家3公里以上空间范围内进行休闲活动的城乡居民占比随距离增加而不断递减（见图3-1）。具体数据显示，86.19%的城镇居民、91.64%的农村居民、88.37%的退休居民选择在3公里范围以内进行休闲活动。其中，选择1~3公里进行休闲的受访者占比分别为：城镇居民63.79%，农村居民40.14%，退休居民41.31%。与城镇居民和退休居民相比，农村居民近地化休闲特征更为明显。此外，城镇居民工作日、周末、节假日选择远距离休闲的受访者占比差别不大，其中，7公里以上占比分别为0.74%、0.68%、0.69%，反映了闲暇时间对城镇居民是否选择远距离休闲的影响不大。

与疫情前的2019年相比，2022年城乡居民选择近程休闲的受访者占比大幅增长：城镇居民和退休居民在距家1~3公里空间范围内进行休闲的占比分别由32.21%、24.86%增加至63.79%、41.31%；农村居民选择1公里以内区域进行休闲的占比增加了28.18个百分点（见图3-2）。城乡居民选择3公里以上区域进行休闲的占比明显降低：城镇居民、农村居民和退休居民占比分别由2019年的42.27%、40.25%和33.14%降低为2022年的13.81%、8.36%和11.63%（见图3-3）。

三、诗有多近　远方有多远——休闲空间
Part 3　How Close Is Poetry and How Far Is the Distance? — Leisure Distance

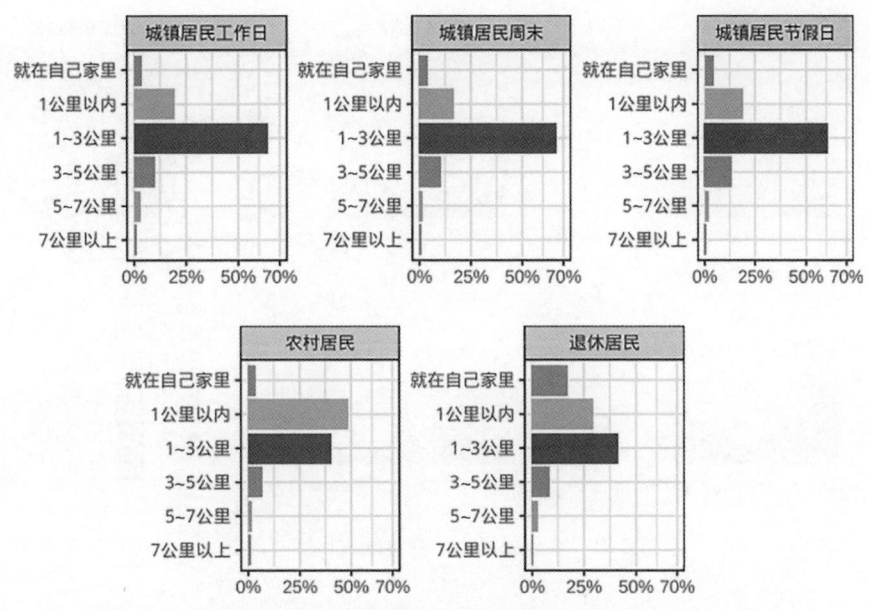

图 3-1　城乡居民不同休闲半径占比

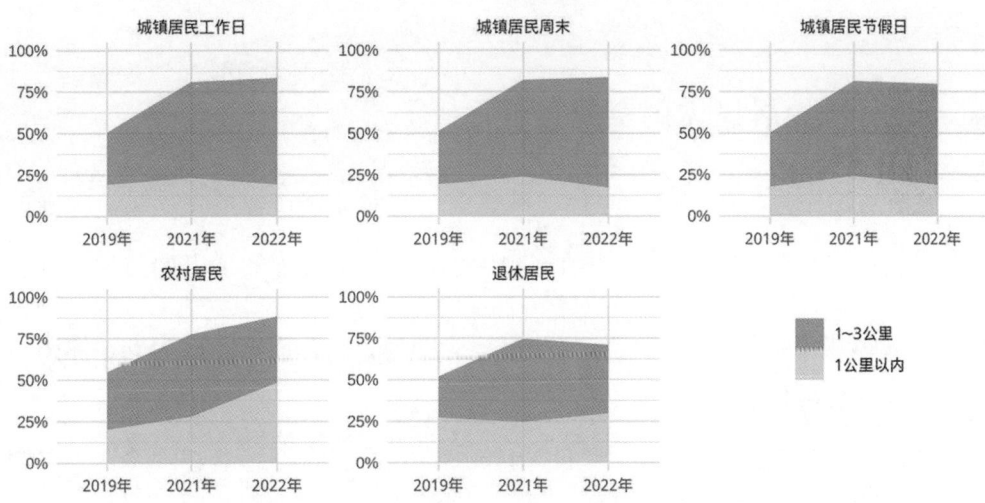

图 3-2　城乡居民近程休闲占比变化趋势

33

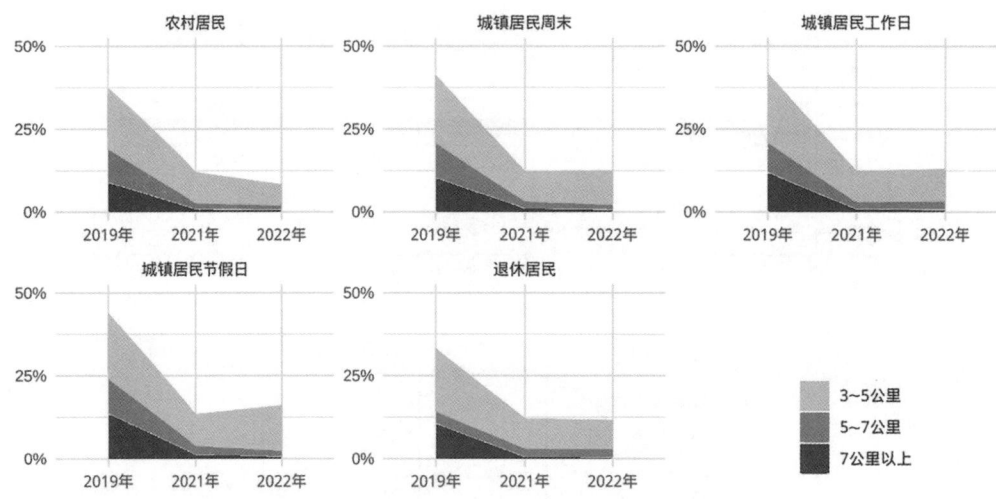

图3-3 城乡居民中远程休闲占比变化趋势

为了进一步明确不同群体的休闲空间特征,本报告从城镇居民休闲空间、农村居民休闲空间和退休居民休闲空间三个方面对中国居民休闲空间的特征进行研究。

(二)城镇居民休闲空间特征

城镇居民作为休闲消费的主体,其休闲空间对休闲产业的发展具有很强的指导意义。本研究将对不同属性城镇居民在工作日、周末以及节假日三个时间段的休闲活动空间范围进行调查研究。

1. 城镇居民工作日近地化休闲特征更为明显,1~3公里区域构成了休闲活动的主体空间范围

居民休闲活动空间除了受经济水平、活动内容的影响外,更主要的是受到工作日时间限制。工作日作为居民闲暇时间最短的时期,其休闲活动空间也会受到相应的影响。另外,由于不同群体在工作日内的闲暇时间、工作强度均差异较大,其休闲空间也将有较大差异。基于此,本研究将对不同群体城镇居民的工作日休闲空间进行对比分析。

从调查结果(见图3-4)来看,2022年城镇居民工作日的休闲半径以1~3公里范围内为主,所占比例为64%,城镇居民工作日的休闲半径在1公里内范围的人数相对较多，占被访群体的 19.29% 左右；选择距家 3 公里以上空间范围进行休闲的受访者占比随距离增加而不断递减：3~5 公里的受访者占比 9.68%，5~7 公里的受访者占比 2.58%，7 公里以上的受访者占比仅为 0.74%。总体来看，城镇居民工作日的休闲半径 3 公里范围内人数最多，累计总和占被访群体的 87%。

与疫情前的 2019 年相比，2022 年城镇居民的休闲半径呈现出明显的收缩态势，近程休闲占比大幅提升。选择 3 公里以内进行休闲的受访者占比由 2019 年的 58.3% 增加至 2022 年的 87%。选择 3~5 公里、5~7 公里、7 公里以上范围进行休闲的受访者占比分别由 2019 年的 20.7%、9%、12% 降低为 2022 年的 9.68%、2.58% 和 0.74%。

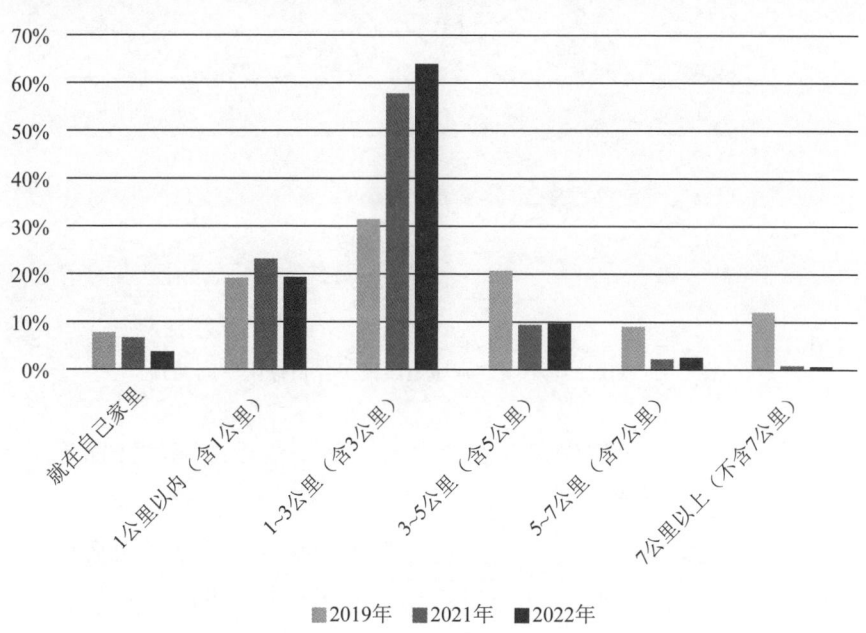

图 3-4　2019—2022 年城镇居民工作日休闲半径对比

（1）性别：男性休闲半径整体大于女性，且二者均以 1~3 公里范围休闲半径为主

从不同性别城镇居民在工作日的休闲空间结构来看，男性休闲半径整体大于女性（见图 3-5）。具体来看，选择 3 公里以内进行休闲的女性受访者占比高于男性，而选择 3 公里以上空间范围进行休闲的男性居民多于女性。其中，3 公

里以内范围女性居民占比高出男性 5.88 个百分点，而 3~5 公里、5~7 公里、7 公里以上范围男性居民占比分别比女性居民高出 3.26 个百分点、2.15 个百分点和 0.47 个百分点。原因可能在于，即使是在工作日，相对于男性而言，女性仍然更易受到家庭事务、照顾老人和小孩等活动的限制。

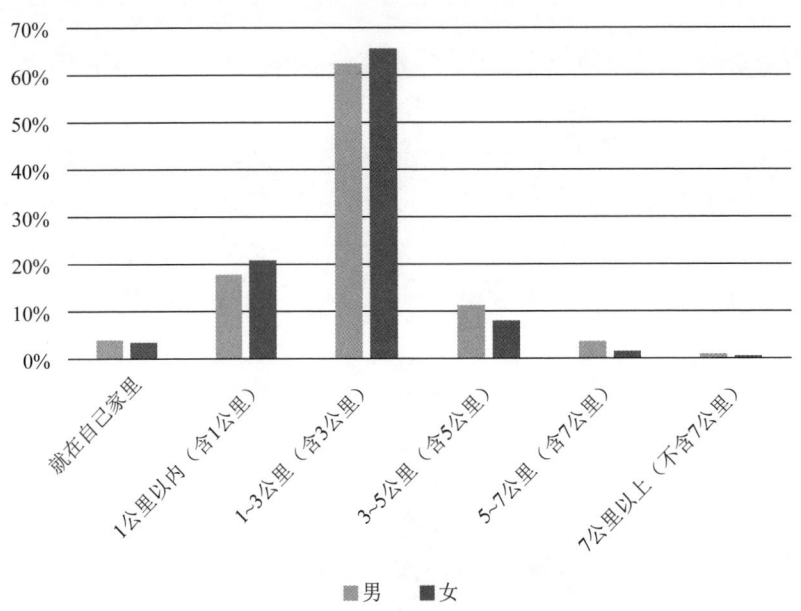

图 3-5　2022 年不同性别城镇居民工作日休闲空间结构

（2）年龄：不同年龄城镇居民在工作日对休闲活动范围的选择呈现大致相同的趋向

从不同年龄居民休闲半径来看，在工作日，各年龄段对休闲活动范围的选择呈现大致相同的趋向，即 1~3 公里占比最高，1~3 公里次之，其次为 3~5 公里，而选择 7 公里以上休闲活动范围的人群占比最低（见图 3-6）。从不同年龄对特定休闲范围的偏好来看，选择 1 公里以内与 1~3 公里休闲半径的受访者，年龄差异较为明显，尤其是 45~59 岁居民，其选择 1 公里以内范围进行休闲的人数占比为 31.98%，是 15~29 岁、30~44 岁、60 岁以上受访者占比的近两倍；而其选择 1~3 公里休闲范围的占比远低于其他三个年龄段，分别比 15~29 岁、30~44 岁、60 岁以上受访者占比低 14.8 个百分点、12.78 个百分点、16.04 个百分点。

三、诗有多近 远方有多远——休闲空间
Part 3 How Close Is Poetry and How Far Is the Distance? — Leisure Distance

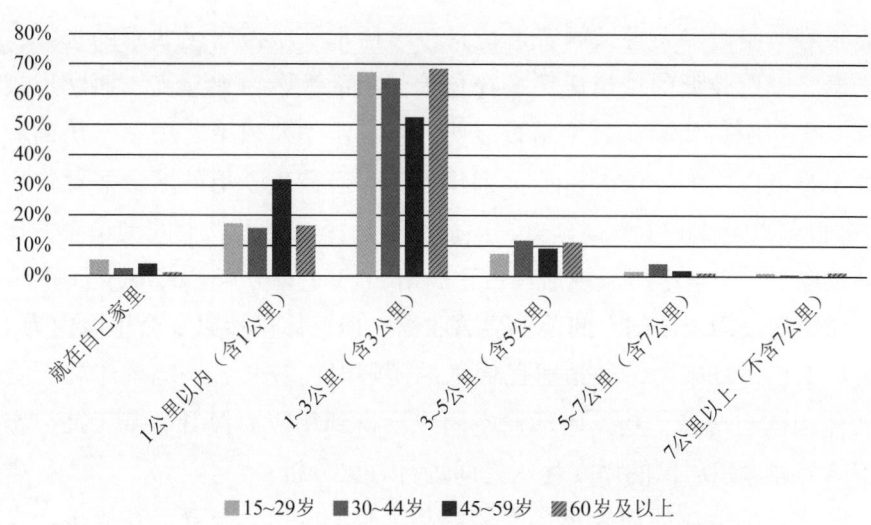

图 3-6 2022 年不同年龄城镇居民工作日休闲空间结构

（3）学历：在 1~3 公里范围内休闲是各学历水平城镇居民工作日的共有选择，但相对而言，学历越高的城镇居民选择远距离休闲的占比越高

从不同学历居民的休闲空间结构来看，在工作日各种学历人群的休闲半径都以近程为主，半径在 1~3 公里范围的人数占比最高：小学及以下、中学、大学、研究生等不同学历水平的城镇居民选择 1~3 公里的受访者占比分别为 63.83%、52.51%、63.17% 和 60.5%（见图 3-7）。

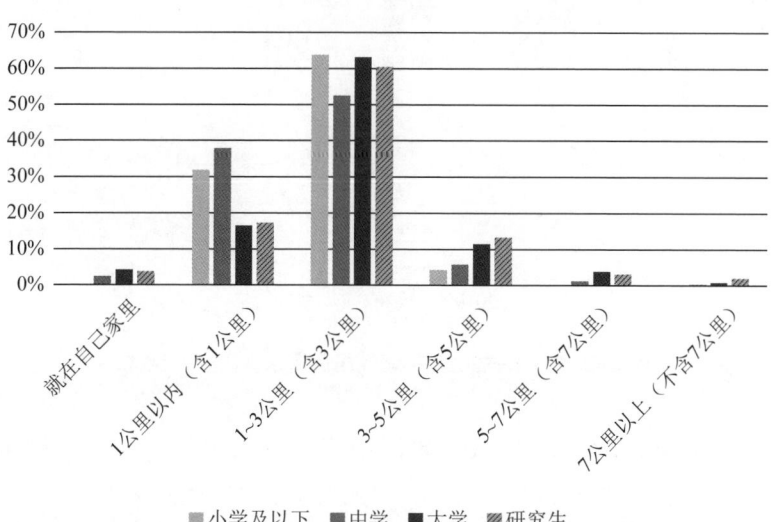

图 3-7 2022 年不同学历城镇居民工作日休闲空间结构

37

从休闲半径偏好来看，尽管近程是各学历水平城镇居民共有的选择，但总体上来看，学历较低的城镇居民选择近程休闲的人数占比越高，而学历较高居民更喜欢中远距离休闲。数据结果表明，具有小学及以下、中学学历的城镇居民选择 1 公里以内的受访者占比分别比大学、研究生学历的城镇居民占比高出 14.65 个百分点至 21.37 个百分点，而研究生选择 5 公里以上的受访者占比分别比小学及以下、中学学历城镇居民占比高出 5.13 个百分点、3.56 个百分点。

2. 城镇居民周末休闲空间范围显著收缩，但总体仍然以 3 公里以内为主

相对于工作日来说，城镇居民周末的闲暇时间较长，一周的工作，会使得居民的休闲欲望增强，其休闲活动空间也会得到相应的提升。基于此，本研究将对不同群体城镇居民的周末休闲空间进行对比分析。

从城镇居民总体的周末休闲空间结构（见图 3-8）来看，在周末，人们的闲暇时间相对增多，可以根据自己的喜好选择两天的休闲方式，但总体来看，2022 年居民周末休闲半径和工作日休闲半径变化趋势大致相同，大多数居民愿意选择近程区域进行休闲。

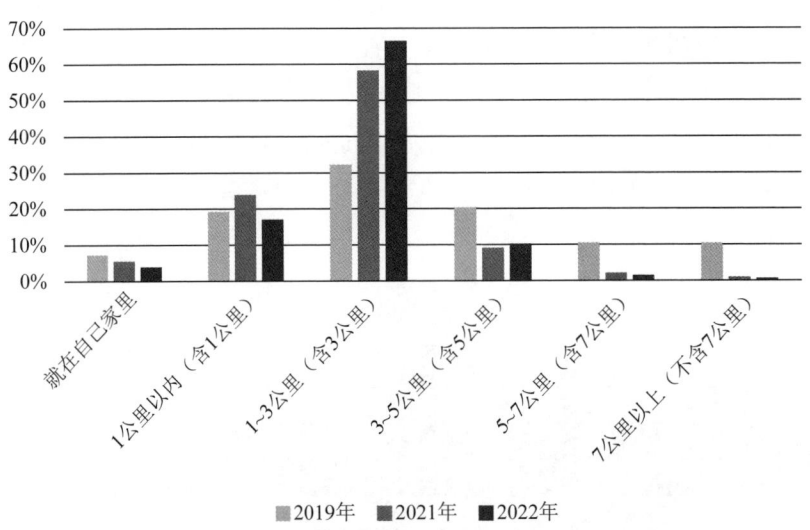

图 3-8　2019—2022 年城镇居民周末休闲空间结构

从调查结果来看，2022 年城镇居民周末的休闲半径以 3 公里范围内为主，选择人数占被访群体的 87.59%，其中，城镇居民周末休闲半径在 1~3 公里范围的人数最多，占被访群体的 66.52%，而城镇居民休闲半径在 5~7 公里、7 公里以上的人数很少，分别占受访者总数的1.51%、0.68%。总体来看，城镇居民周末的休闲半径以1~3公里范围为主，随着休闲半径的扩大，选择人数呈现出明显减少的趋势。

与疫情前的2019年相比，城镇居民周末的休闲半径总体呈现出缩减趋势，以中短距离的休闲半径为主要的休闲空间，尤其是选择1~3公里范围的人数比重从2019年的32.3%增长到2021年的58.28%，然后增至2022年的66.52%。在3公里以上的范围中，休闲人数逐年递减，这说明总体上城镇居民周末休闲空间有从长距离向中短距离收缩的趋势，城镇居民更愿意去距家稍近的地方进行休闲活动。

（1）性别：男性周末休闲半径总体大于女性

从不同性别城镇居民周末休闲空间结构来看，不同性别城镇居民差异不大，总体上男性休闲半径要大于女性。

图3-9显示，从不同性别城镇居民周末休闲半径来看，女性居民选择1公里以内及1~3公里范围的受访者占比略高于男性，而男性居民选择3~5公里、5公里以上的受访者占比分别比女性高出1.58个百分点、0.61个百分点。可见，即使在周末，女性也倾向于把休闲活动范围局限在家附近，以便于进行处理家庭事务、照顾老人和小孩等活动。

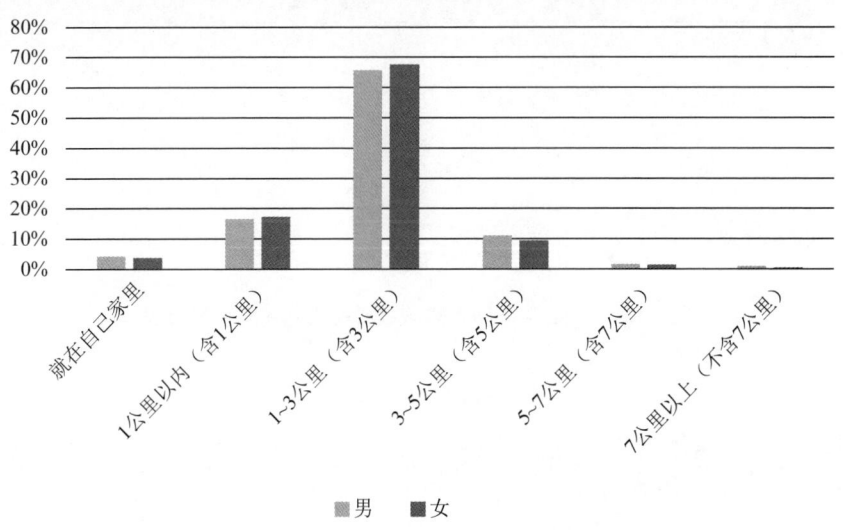

图3-9　2022年不同性别城镇居民周末休闲空间结构

（2）年龄：随着年龄增加，城镇居民周末选择3公里以外范围进行休闲的受访者占比依次增加

从不同年龄城镇居民周末休闲空间结构的对比（见图3-10）来看，各年龄段城镇居民在休闲空间范围的选择上呈现大致相同的趋向：选择在1~3公里范围内进行休闲的人最多，其次是选择在1公里以内、3~5公里休闲的居民人数。从不同年龄对特定休闲范围的偏好来看，选择1公里以内范围进行休闲的城镇居民，占比最高的年龄段是45~59岁，为25.77%，比30~44岁年龄段居民占比高出11.55个百分点；选择1~3公里范围进行休闲的城镇居民，45~59岁年龄段受访者占比最低，为56.63%；随着年龄增加，选择3~5公里以外范围进行休闲的城镇居民占比依次增加，60岁以上居民占比最高，为17.67%，这可能是因为60岁及以上的老人休闲时间相对更充裕，周末琐事较少，因此会选择去较远的地方开展休闲活动。

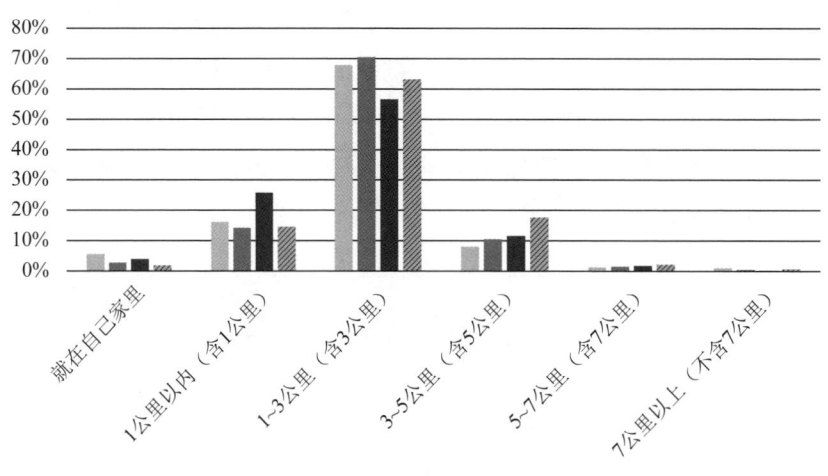

图3-10　2022年不同年龄城镇居民周末休闲空间结构

（3）学历：近程休闲是各学历群体的共有特征，但相较之下，高学历城镇居民更喜欢远距离休闲

图3-11显示，各学历水平城镇居民周末选择1~3公里进行休闲的受访者占比均为60%左右。中学学历水平的城镇居民选择在1公里以内范围进行休闲的受访者占比最高，为29.27%；大学学历水平的城镇居民选择在1~3公里范围进行休闲的受访者占比最高，为66.81%。随着学历水平提高，城镇居民选择在5

公里以上范围内进行休闲的受访者占比依次增加,其中,小学及以下学历的城镇居民受访者中,没有人选择去5公里以上范围进行休闲,中学、大学、研究生学历城镇居民受访者中,其选择占比分别为0.95%、2.71%和3.54%。

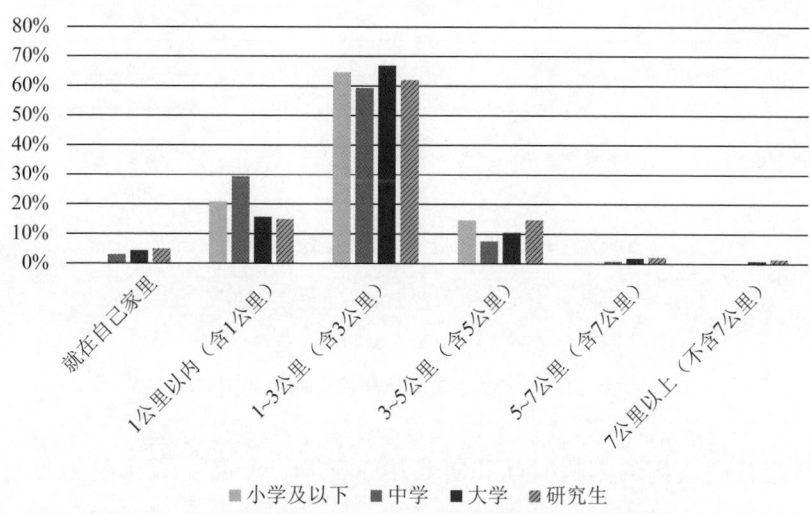

图3-11 2022年不同学历城镇居民周末休闲空间结构

3.城镇居民节假日近程化、近地化休闲趋势日趋明显

城镇居民节假日闲暇时间相对较为充裕,与周末、工作日相比,城镇居民节假日的休闲空间范围是否会明显扩大?人们在节假日这样集中的闲暇时间条件下是否更愿意去较远距离的地方进行休闲活动?基于此,本报告对城镇居民节假日休闲活动范围呈现出来的特征进行研究,探索不同属性群体在休闲空间范围选择上的异同。

从城镇居民节假日的年度休闲空间结构(见图3-12)来看,2022年与疫情前的2019年相比,基本呈现一致的趋势:1~3公里范围一直是城镇居民节假日进行休闲活动的主要活动空间,其次为1公里以内和3~5公里。但具体数据表明,这种结构之间的比例在发生变化:城镇居民中,选择1~3公里范围进行休闲的受访者占比,由2019年的34.75%增加至2022年的60.85%,增加了26.1个百分点;而3~5公里、5~7公里、7公里以上空间范围的受访者占比,分别降低了7.59个百分点、8.38个百分点和8.26个百分点。这充分说明在空间结构趋势未发生较大变化的同时,城镇居民在节假日的休闲半径与疫情前相比,呈现出更为明显的近程化、近地化趋势。

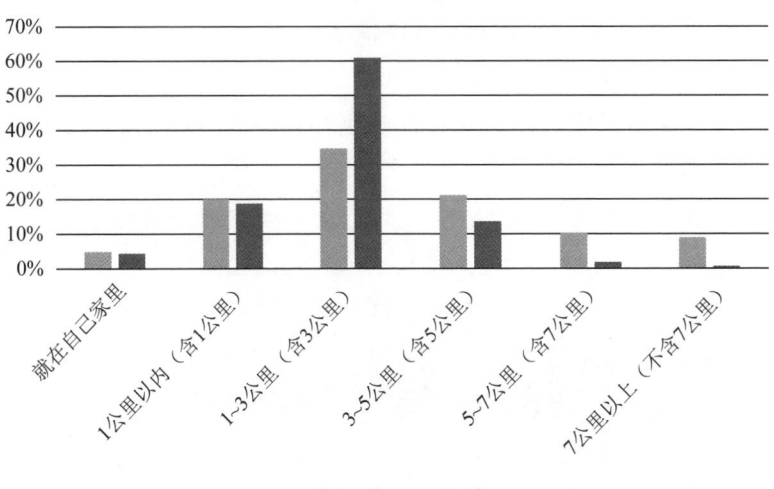

图 3-12 2019—2022 年城镇居民节假日休闲空间结构

在节假日，人们的闲暇时间相对集中、充裕，具备去较远的地方自由选择休闲方式的可能，或者可以趁着节假日进行很多社交旅游方面的休闲，这样应使得节假日的休闲空间不同于平常。但事实上，如图 3-13 所示，调研数据表明，与工作日、周末相比，节假日选择中远距离休闲的受访者占比差别不大，其中，城镇居民工作日、周末、节假日 5~7 公里范围受访者占比分别为 2.58%、1.51%、1.77%，7 公里以上占比分别为 0.74%、0.68% 和 0.69%，这充分反映了 2022 年闲暇时间对城镇居民是否选择远距离休闲的影响不大。

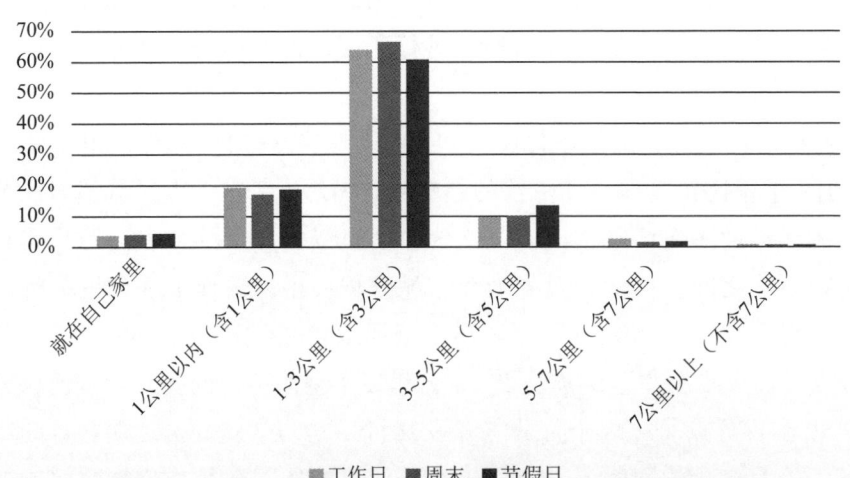

图 3-13 2022 年城镇居民工作日、周末和节假日休闲空间结构

三、诗有多近　远方有多远——休闲空间
Part 3 How Close Is Poetry and How Far Is the Distance? — Leisure Distance

（1）性别：节假日城镇居民休闲半径性别差异不大，总体上男性大于女性，且随着休闲半径扩大，男性居民占比开始超过女性

整体而言，节假日城镇居民休闲半径的性别差异不大（见图3-14）。选择1公里以内范围进行休闲的女性居民受访者占比高出男性，占比分别为20.36%和17.08%；1公里以上范围内进行休闲的女性居民占比开始略低于男性：1~3公里、3~5公里、5~7公里、7公里以上女性居民占比分别比男性占比低1.52个百分点、0.2个百分点、0.21个百分点、0.46个百分点。总体上，男性居民休闲半径大于女性，且随着休闲半径的扩大，男性居民的占比开始超过女性，充分说明，在闲暇时间相对充裕的节假日，男性居民选择远距离休闲的意愿较女性要更强一些。

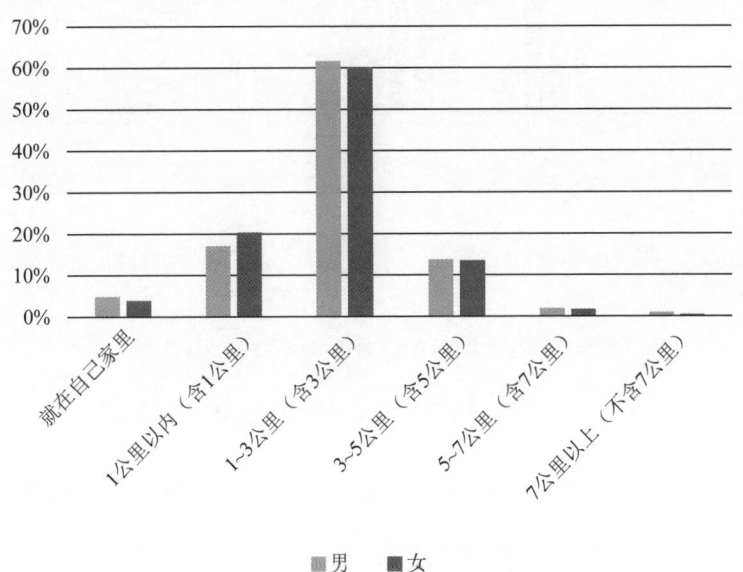

图3-14　2022年不同性别城镇居民节假日休闲空间结构

（2）年龄：选择3公里以上休闲半径的受访者占比随年龄增长呈现"U"形变化趋势

在节假日，各个年龄段近五六成居民休闲半径均集中在1~3公里，其中60岁及以上年龄受访者占比更是达到67.39%；选择3公里以上休闲半径的受访者占比随年龄增长呈现"U"形变化趋势，其中，15~29岁、60岁及以上年龄城镇居民选择3~5公里、5~7公里、7公里以上的受访者占比在4个年龄段中均居

43

前两位（见图3-15），这说明，大量处于求学阶段的15~29岁受访者可以在节假日利用较为集中且充裕的闲暇时间进行休闲，而60岁及以上老年人也可从工作日、周末照看孩子等的无偿劳动中解放出来，更为自由地选择较平时更远的空间区域进行休闲。

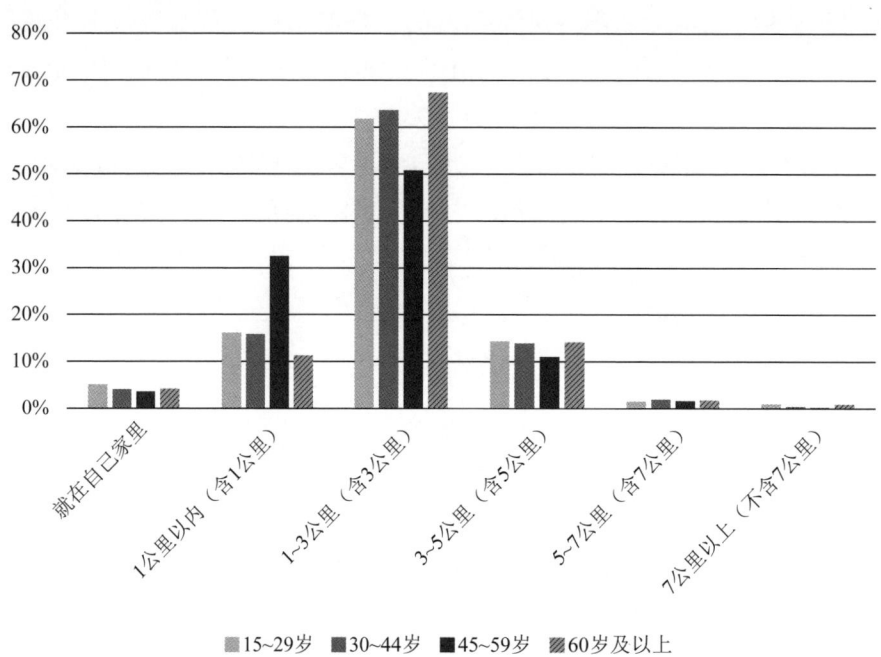

图3-15　2022年不同年龄镇居民节假日休闲空间结构

（3）学历：与低学历人群相比，高学历群体更喜欢选择中远距离进行休闲

1~3公里是各学历群体的主要休闲空间范围。3公里以上休闲半径内的受访者，随着学历提高其占比逐渐增加，一定程度上反映了高学历人群喜欢选择中远距离进行休闲：大学、研究生学历选择3~5公里的受访者占比分别为16.02%、14.62%，远高于小学及以下学历、中学学历受访者1.89%、6.96%的水平；中学、大学、研究生学历水平城镇居民选择5~7公里范围进行休闲的受访者占比分别为1.15%、1.94%和2.5%，他们中选择7公里以上距离进行休闲的受访者占比分别为0.5%、0.63%和2.32%，呈现出休闲半径随学历提高不断加大的明显趋势（见图3-16）。

三、诗有多近 远方有多远——休闲空间
Part 3 How Close Is Poetry and How Far Is the Distance? — Leisure Distance

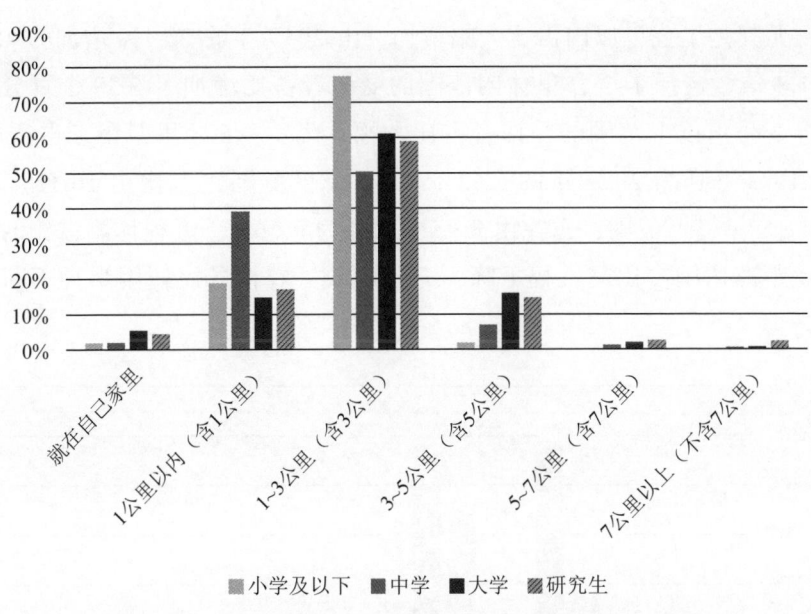

图 3-16 2022 年不同学历城镇居民节假日休闲空间结构

（三）农村居民休闲空间特征

随着人们物质生活水平的不断提高，休闲已成为与每个人的生存息息相关的领域，成为人们生活的重要组成部分。农村居民也不例外，他们内心强烈渴望休闲，存在休闲需要，希望休闲权利得以实现。所以，关注农村居民的休闲生活，提高农村居民生活满意度，是建设社会主义新农村的题中应有之义。研究农村居民休闲空间将为优化农村居民休闲服务供给提供依据和支撑。本研究将从农村居民总体休闲特征以及不同属性人群的细分特征进行休闲空间分析。

1. 总体特征：农村居民休闲活动主要集中在 3 公里以内区域；与疫情前相比，农村居民外出休闲意愿增加，但休闲半径收缩态势明显

从农村居民休闲空间结构（见图 3-17）来看，2022 年，农村居民主要在 3 公里以内范围内进行休闲，这与疫情前呈现一致的结构，但相比之下，休闲活动呈现出向近程范围集中的趋势。2022 年，农村居民选择在家休闲的受访者略有下降，由疫情前 2019 年的 4.9% 降低为 3.22%，反映了农村居民外出休闲的意愿有所增加；选择 1 公里以内、1~3 公里休闲范围进行休闲的受访者占比均有

所增加，尤其是1公里以内占比大幅增加，由2019年的20.1%增加为48.28%，增长了1.4倍，选择1~3公里休闲范围的受访者占比增加了5.39个百分点。同时，选择3公里以上范围的受访者占比大幅下降：3~5公里范围，占比由2019年的21.15%下降为2022年的6.42%；5~7公里范围，占比由10.15%下降为1.28%；7公里以上范围，占比由8.95%下降为0.66%。近程休闲占比的大幅提升和中远距离休闲占比的大幅下降，充分反映了农村居民休闲半径不断收缩的变化趋势。

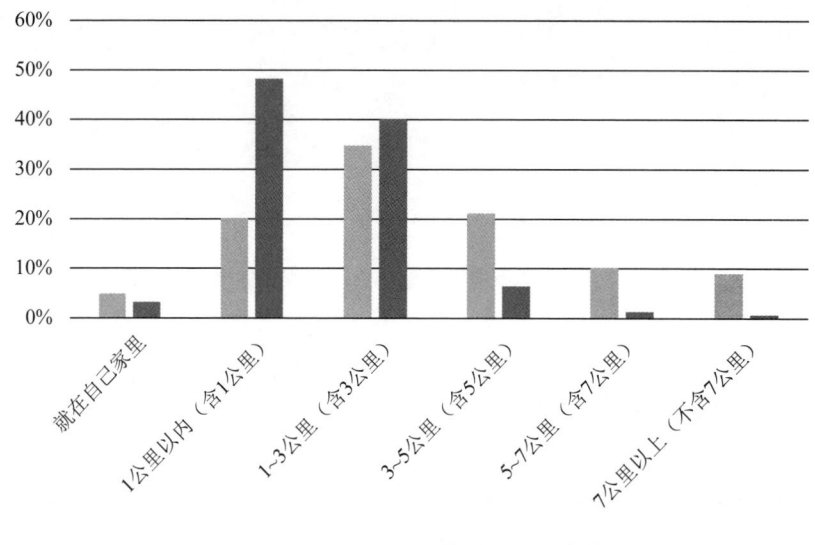

图3-17　2019—2022年农村居民休闲空间结构

2. 性别：不同性别农村居民在休闲活动范围选择上存在较大差异

男性农村居民休闲半径明显大于女性农村居民。1公里是农村居民男女差距变化的分水岭。2022年，选择1公里以内范围进行休闲的女性农村居民占比高达64.46%，是男性占比的3.35倍，而选择1公里以上范围进行休闲的男性居民占比明显高于女性：1~3公里范围，男性占比63.19%，高出女性35.61个百分点；3~5公里范围，男性农村居民与女性农村居民占比分别为10.7%、4.07%；5公里以上，男性农村居民占比3.35%，而女性占比为1.29%。由图3-18可以看出，超过1公里空间范围后，女性受访者占比随着休闲半径的扩大不断降低。

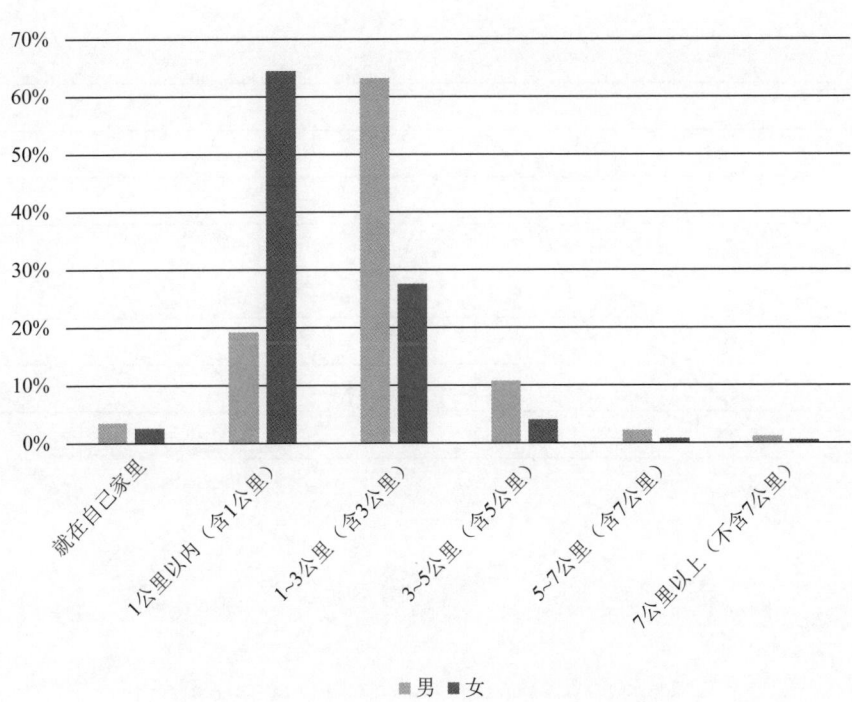

图 3-18　2022 年不同性别农村居民休闲空间结构

3. 年龄：各年龄段均偏向于近距离休闲，但具体选择略有差异

从不同年龄农村居民的休闲空间结构（见图3-19）看，各年龄段大都偏向于近距离休闲，但在具体选择时存在一定的差异。各年龄段受访者占比随着空间距离的扩大均成开口向下的抛物线形态，但不同年龄段抛物线顶点对应的休闲半径不同。从具体年龄段农村居民对休闲半径的偏好来看，45~59岁农村居民的休闲半径最短，1公里以外休闲范围的受访者占比随距离扩大而不断递减；其他年龄段农村居民选择3公里以外休闲范围的受访者占比随距离扩大而递减。细分来看，除45~59岁农村居民1公里以内受访者占比高达77.69%以外，其余年龄段选择1~3公里范围进行休闲活动的受访者比重最大。在3~5公里范围内，45~59岁居民的比重最小；5公里以上范围内各年龄段的休闲人数都较少。

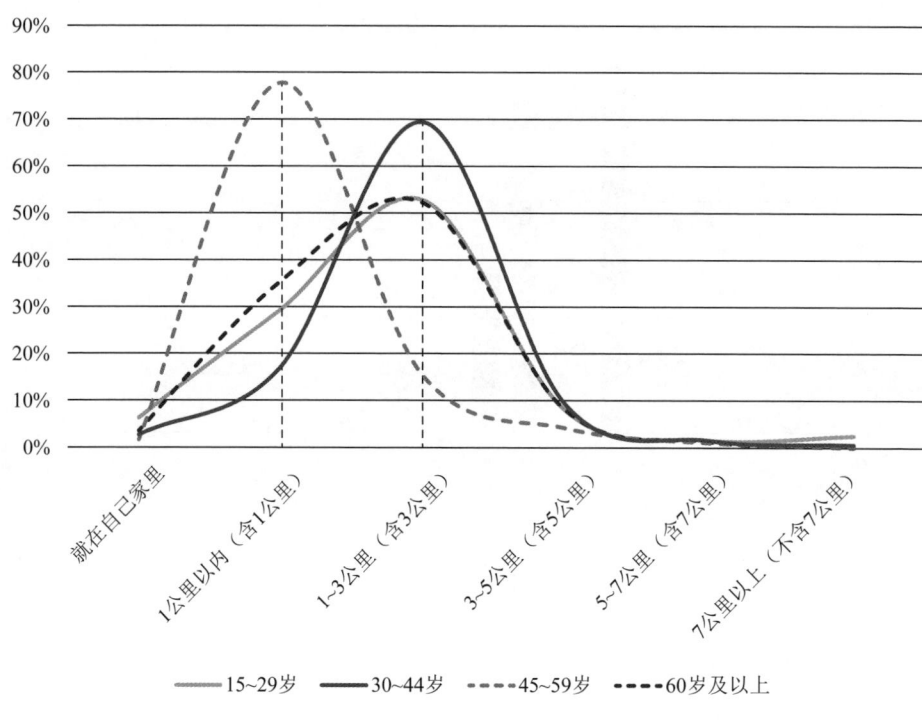

图 3-19 2022 年不同年龄农村居民休闲空间结构

（四）退休居民休闲空间特征

随着我国卫生条件的不断改善，医疗水平的不断提升，以及人民生活品质的不断提高，退休后的居民大都身体健康，而且他们都有一定的积蓄。其中很多退休居民不仅有退休金，还有子女定期给的补贴，所以该群体成为当前一个非常大的休闲群体。

1. 总体特征：退休居民休闲半径总体以近距离为主

尽管退休居民具有相对较多的闲暇时间和相对自由的选择机会，其休闲活动范围仍基本以近程空间为首要选择（见图 3-20）。2022 年，选择 1~3 公里、1 公里以内休闲以及选择在家休闲的退休居民占比分别为 41.31%、29.66% 和 17.37%，选择 3 公里以外范围进行休闲的居民占比随着距离扩大不断下降：3~5 公里、5~7 公里受访者占比分别为 8.62% 和 2.6%，而 7 公里以上的受访者占比仅为 0.41%。与疫情前的 2019 年相比，选择近距离休闲的退休居民占比大幅提升,而中远距离的受访者占比大幅下降,退休居民近程化休闲特征明显:2022年选择在1~3公里范围进行休闲的退休居民比2019年增加了16.45个百分点,而选择在3~5公里、5~7公里、7公里以上空间范围进行休闲的退休居民比2019年分别减少了10.25个百分点、1.02个百分点和10.18个百分点。

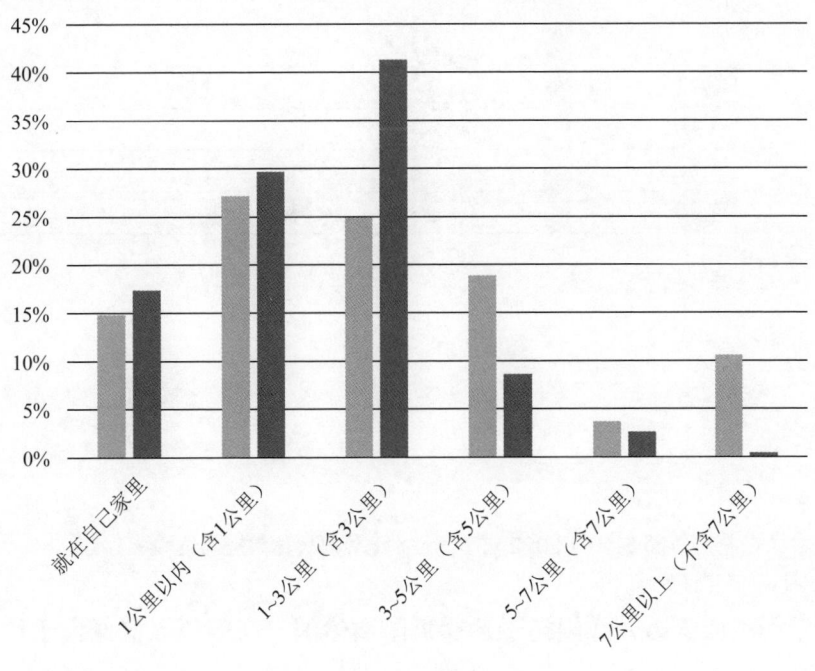

图3-20　2019年、2022年退休居民休闲空间结构

2. 性别：男性退休居民的休闲半径整体大于女性退休居民

不同性别退休居民休闲半径均以3公里以内范围为主（见图3-21）。从不同性别退休居民对休闲半径的选择偏好来看,3公里以内范围女性受访者占比高于男性,而3公里以外范围则呈现相反的特征,即男性占比高于女性,总体上男性退休居民休闲半径大于女性退休居民。从不同休闲半径的男女偏好差异来看,选择1~3公里范围的受访者占比性别差异较大,男、女性退休居民占比分别为37.78%、45.21%,相差7.43个百分点。

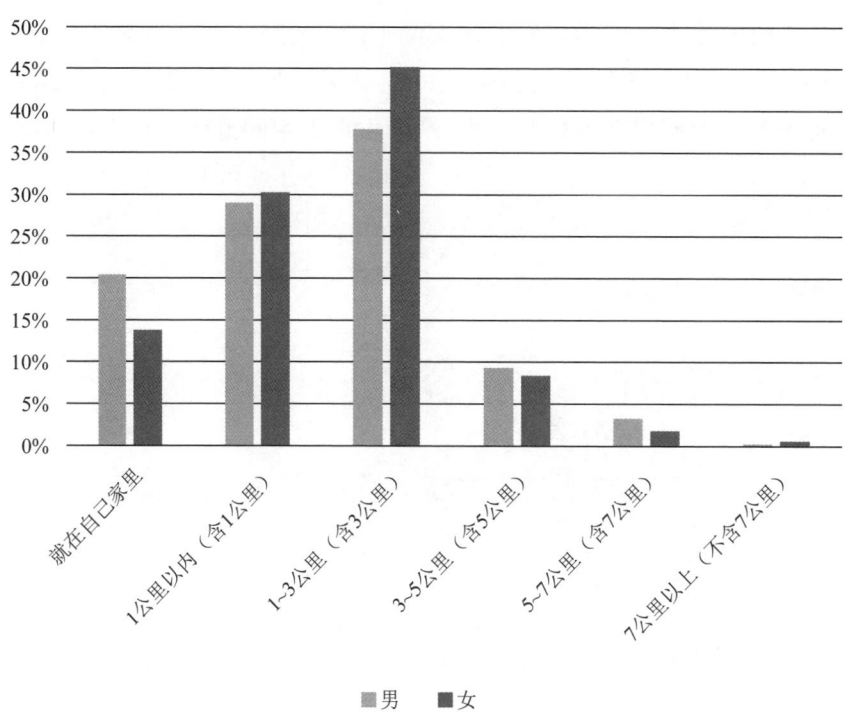

图3-21　2022年不同性别退休居民休闲空间结构

3. 学历：低学历人群倾向于选择近距离休闲，高学历人群倾向于选择中远距离休闲

小学及以下学历水平的退休居民不喜欢外出休闲，选择居家休闲的受访者占比达61.1%，且随着休闲半径扩大，受访者占比不断降低（见图3-22）。中学、大学、研究生学历的退休居民主要在3公里以内范围进行休闲，其中，中学、大学学历的退休居民选择1~3公里范围进行休闲的受访者占比最高，分别为42.22%、45.4%，研究生学历的退休居民选择1公里以内范围进行休闲的受访者占比最高，为35%。选择5公里以上范围进行休闲的退休居民占比基本呈现随学历提升而不断增加的趋势，其中，小学及以下、中学、大学、研究生等不同学历水平受访者占比分别为2.78%、2.7%、3.85%、5%。可见，低学历人群倾向于选择近距离休闲，学历越高的受访者越倾向于选择中远距离休闲。

三、诗有多近　远方有多远——休闲空间

Part 3　How Close Is Poetry and How Far Is the Distance? — Leisure Distance

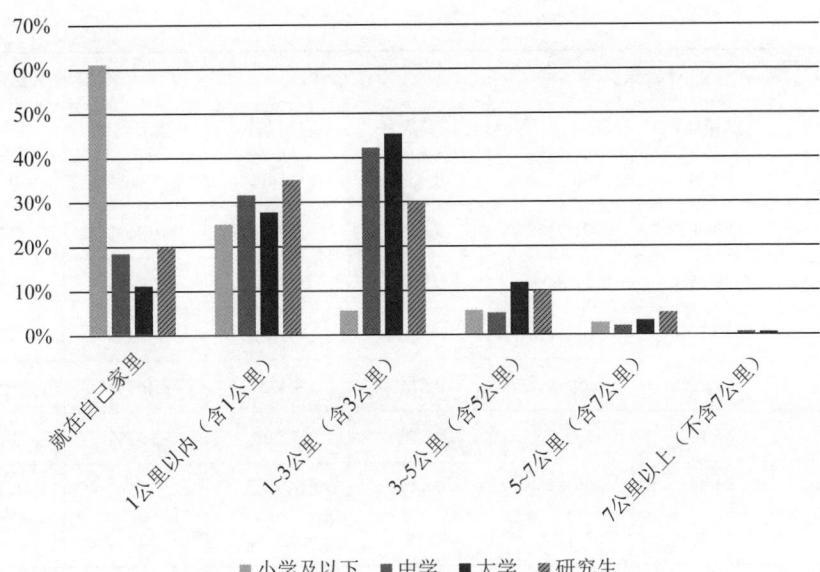

图3-22　2022年不同学历退休居民休闲空间结构

（五）不同城市居民休闲空间对比

从休闲半径来看，沈阳、成都、南京3市城镇居民在3公里范围内的休闲人数较多，但中远距离的休闲人数占比较低，长沙、杭州、西安城镇居民选择在3~5公里范围内进行休闲的人数占比较多，长沙、北京、武汉城镇居民在5公里以上范围内较为活跃；南京、成都、广州3市的农村居民在3公里以内休闲人数占比上具有绝对优势，杭州、武汉、长沙3市的农村居民喜欢在3~5公里空间范围内进行休闲，上海、长沙、杭州3市的农村居民中5公里以上远距离休闲人数占比较高（见表3-1、图3-23）。

表3-1　2022年各城市不同休闲半径人数占比

城市	3公里以内		3~5公里		5公里以上	
	城镇居民	农村居民	城镇居民	农村居民	城镇居民	农村居民
北京	84.67%	89.10%	11.47%	7.14%	3.86%	3.76%
上海	87.77%	82.47%	9.68%	9.74%	2.55%	7.79%

续表

城市	3公里以内		3~5公里		5公里以上	
	城镇居民	农村居民	城镇居民	农村居民	城镇居民	农村居民
广州	87.44%	90.32%	9.90%	9.14%	2.66%	0.54%
成都	88.68%	91.91%	9.56%	5.88%	1.76%	2.21%
西安	86.35%	87.84%	11.51%	9.80%	2.14%	2.36%
长沙	80.50%	85.11%	14.79%	10.11%	4.71%	4.78%
沈阳	89.72%	89.06%	8.61%	9.43%	1.67%	1.51%
武汉	85.16%	83.76%	11.22%	13.20%	3.62%	3.04%
南京	88.02%	99.24%	9.83%	0.59%	2.15%	0.17%
杭州	86.40%	81.47%	12.18%	14.66%	1.42%	3.87%

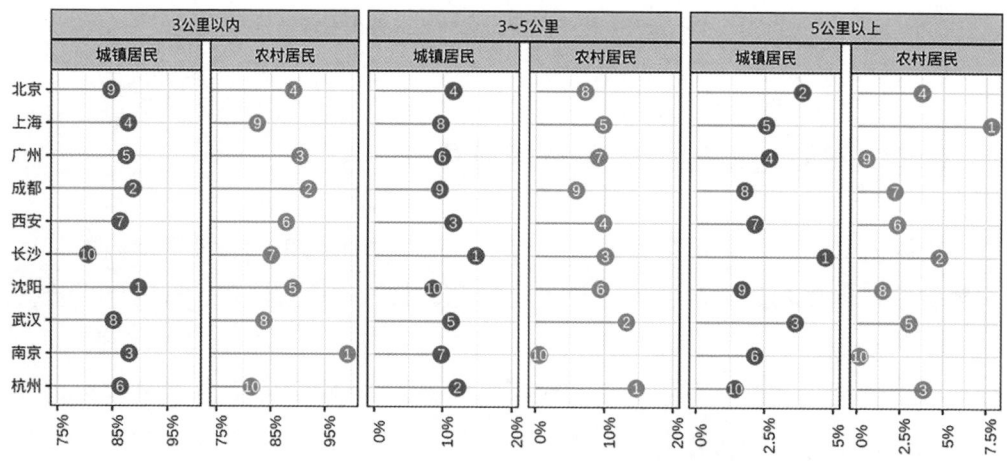

图3-23 2022年各城市不同休闲半径人数占比排名

四、都在玩什么——休闲内容

休闲内容（休闲活动）调查主要以居民休闲活动为主，根据调查结果，将我国城乡居民的休闲活动分为消费购物休闲活动、文化休闲活动、体育健身休闲活动和家庭内部休闲活动（又称"居家休闲"）共四个大类。城乡居民的休闲偏好、休闲时间、休闲设施等方面的不同导致了我国居民休闲内容的差异。

（一）国民休闲内容总体特征

鉴于中国城镇居民和农村居民以及退休居民在休闲行为方式与休闲内容方面存在显著不同，我们将城镇居民和农村居民以及退休居民分开进行考察和分析。2018年国家旅游局和文化部的合并使"诗和远方"走在了一起，文化与旅游相融相生，"大部制"改革则进一步推动了文旅融合，在"宜融则融、能融尽融、以文促旅、以旅彰文"的理念指导下，国民休闲内容不断丰富和深化，休闲活动选择范围不断扩大，休闲体验不断提升。为此，报告也将着重调查城镇居民、农村居民以及退休居民的文化休闲活动特征，为文旅融合发展提供数据参考。

结果显示，消费购物以绝对优势成为国民休闲的基础选项（见图4-1）：选择消费购物作为休闲活动的城乡居民占比达60%~70%，其次为文化休闲，占比14%~23%，体育健身和居家休闲次之。其中，消费购物在农村居民日常生活中的基础性更为明显，占比高达71.19%，高于城镇居民和退休居民。随着闲暇时间增多，城镇居民消费购物休闲活动占比波动下降，而文化休闲活动的比重波动上升：节假日选择消费购物休闲活动的城镇居民占比为59.49%，分别比工作日、周末低4.13个百分点、6.27个百分点，选择文化休闲活动的居民占比为22.86%，分别比工作日、周末高出4.08个百分点、6.76个百分点。对于退休居民，选择体育健身休闲活动的居民占比达 12.04%，高于同期城镇居民和农村居民。

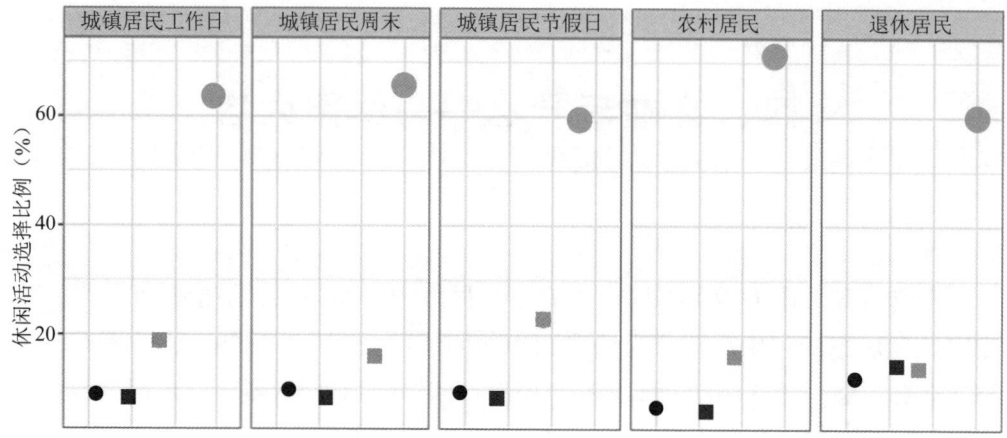

图 4-1　城乡居民休闲活动占比

与疫情前的 2019 年相比，2022 年城乡居民居家休闲比重均呈下降趋势，利用闲暇时间外出休闲的意愿更为强烈，如图 4-2 所示，城镇居民下降 5.3 个百分点，农村居民和退休居民分别下降 12.9 个百分点、9.2 个百分点；与此同时，文化休闲活动在城镇居民日常生活中的比重日益提升。城镇居民工作日期间，其文化休闲活动占比由 2019 年的 15.11% 增加至 2022 年的 18.78%；在节假日这一比重由 16.92% 增加至 22.86%，增加了近 6 个百分点；周末文化休闲活动占比基本保持 2019 年水平。

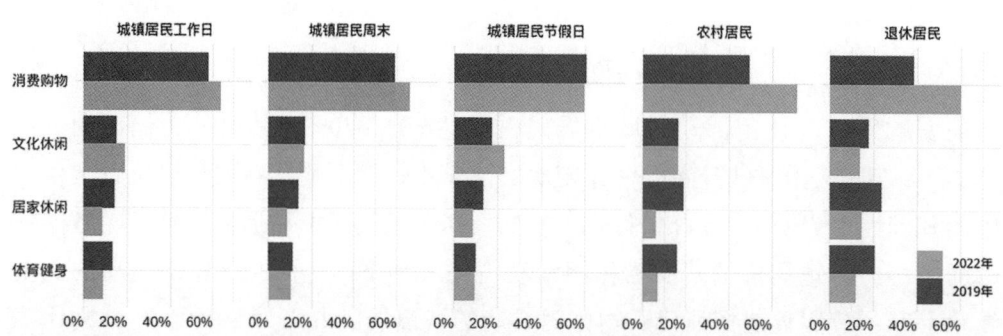

图 4-2　城乡居民休闲活动占比变化趋势

四、都在玩什么——休闲内容
Part 4 What Do People Play? — Leisure Content

1. 消费购物类休闲活动是城镇居民日常休闲的基础选择，居家休闲比重逐渐减少

在工作日，2022年参与调查的城镇居民选择的休闲方式按分配比例分别为[①]：选择消费购物休闲活动（外出就餐、实地购物、美容、美发、美甲、洗浴、按摩、足疗，去咖啡厅、茶馆、酒吧、KTV、唱歌、游乐游艺、DIY手工制作等）的有6414人次，约占受访城镇居民总人次的63.62%；选择文化休闲活动（去电影院、戏剧院、歌剧院、音乐厅、博物馆、展览馆、名人故居、书店、图书馆，实地看文艺演出、体育比赛，学习科学文化知识，书法绘画集邮等活动）的有1893人次，约占受访城镇居民总人次的18.78%；选择体育健身（去健身中心，参与舞蹈、瑜伽、球类运动、游泳、跑步、骑自行车、散步遛弯、唱歌跳舞、练广播操，进行其他传统体育锻炼活动等）的有910人次，约占受访城镇居民总人次的9.03%；选择家庭内部休闲活动（包括家庭内聊天、亲戚串门、看电视、玩游戏、玩手机、玩iPad、上互联网、打牌、打麻将、无事休闲、养花草和宠物、汽车维修保养、室内装修装饰等活动）的有864人次，约占受访城镇居民总人次的8.57%（见图4-3）。

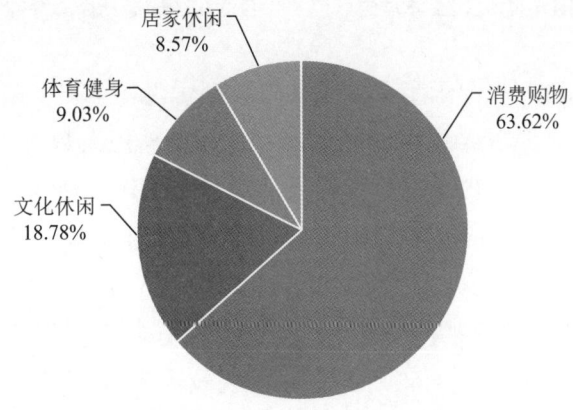

图4-3 2022年城镇居民工作日休闲活动选择

选择文化休闲活动的1893人次中，选择电影院的约占30.85%[②]，选择戏剧

---

① 因为被调查者可以选择1~4项休闲活动，因此各个比例是按统计的人次进行计算的。2022年仅考虑国民惯常环境下10公里、6小时以内的休闲活动，因此本调查不包括旅游。为对国民休闲行为进行纵向对比分析，报告中2019年休闲内容比例为重新调整后数据（剔除旅游后重新计算）。下同。

② 因为被调查者可以选择1~4项休闲活动，因此此处各文化类休闲活动比例是按统计的人次进行计算的。下同。

院、歌剧院、音乐厅的约占11.57%,选择博物馆、展览馆、名人故居等的约占15.95%,选择实地观看文艺演出、体育比赛的约占15%,选择书店、图书馆的约占11.41%,选择学习科学文化知识的约占8.61%,选择书法绘画集邮等活动的约占6.61%(见图4-4)。

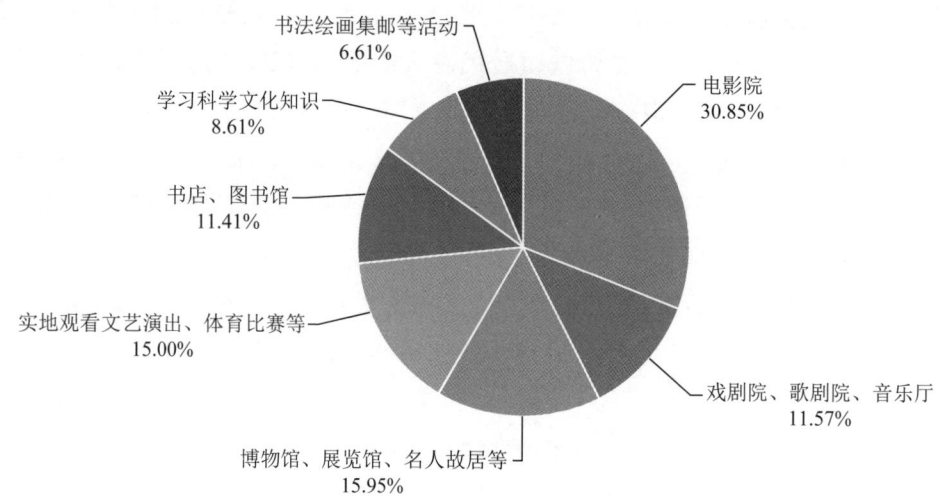

图4-4 2022年城镇居民工作日文化休闲活动内容分配

从城镇居民工作日休闲活动占比纵向数据(见图4-5)来看,在2019年、2021年和2022年,选择消费购物休闲活动的城镇居民人数占比分别为57.49%、64.09%、63.62%,呈现波动中上涨趋势;选择文化休闲活动的城镇居民人数占比分别为15.11%、17.91%、18.78%,保持小幅上升态势;选择体育健身休闲活动的城镇居民人数占比分别为13.28%、8.46%、9.03%,在2021年呈现为明显的下降趋势,但在2022年有所回升;选择家庭内部休闲活动的城镇居民人数占比分别为14.12%、9.54%、8.57%,呈现较为明显的下降趋势。总体来看,在工作日中,城镇居民外出休闲意识更强,文化休闲、体育健身类为主要增长方向,居家休闲类休闲活动减少。

在周末,2022年城镇居民的休闲活动选择分配主要是:选择消费购物休闲活动的有5906人次,约占受访城镇居民总人次的65.76%;选择文化休闲活动的有1446人次,约占受访城镇居民总人次的16.10%;选择体育健身的有889人次,约占受访城镇居民总人次的9.90%;选择家庭内部休闲活动的有740人次,约占受访城镇居民总人次的8.24%(见图4-6)。

四、都在玩什么——休闲内容

Part 4 What Do People Play? — Leisure Content

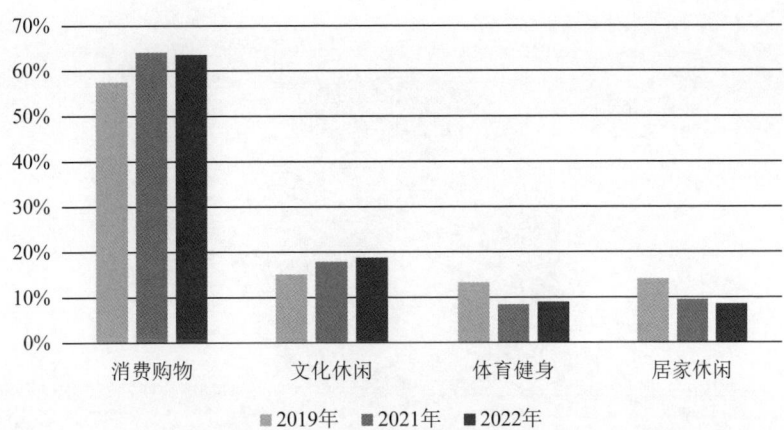

图 4-5 2019—2022 年城镇居民工作日休闲活动选择

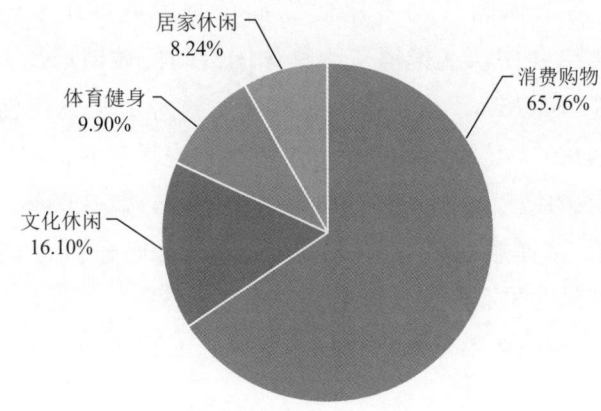

图 4-6 2022 年城镇居民周末休闲活动选择

选择文化休闲活动的 1446 人次中，选择电影院的约占 18.19%，选择戏剧院、歌剧院、音乐厅的约占 15.98%，选择博物馆、展览馆、名人故居等的约占 18.4%，选择实地观看文艺演出、体育比赛的约占 12.59%，选择书店、图书馆的约占 15.77%，选择学习科学文化知识的约占 10.78%，选择书法绘画集邮等活动的约占 8.29%（见图 4-7）。

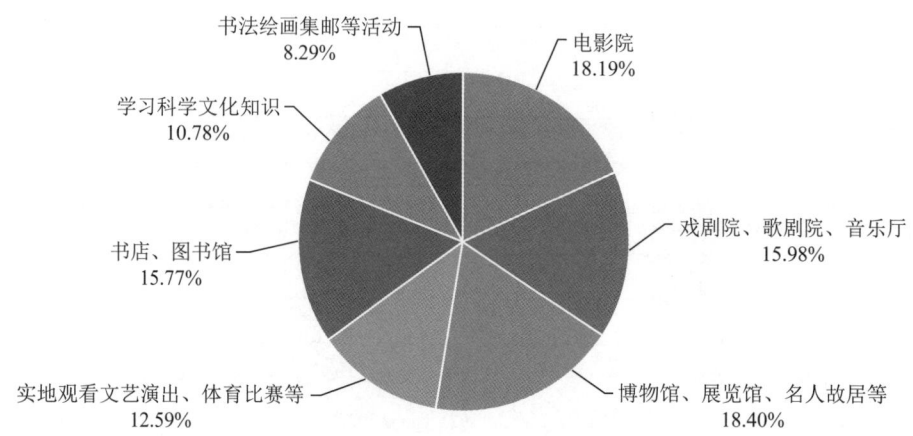

图 4-7 2022 年城镇居民周末文化休闲活动内容分配

从城镇居民周末休闲活动占比的纵向数据（见图 4-8）来看，在 2019 年、2021 年和 2022 年中，选择消费购物休闲活动的城镇居民人数占比分别为 59.01%、63.97%、65.76%，呈小幅增长趋势；选择文化休闲活动的城镇居民人数占比分别为 16.62%、18.99%、16.1%，呈现先增后减的波动情况；选择体育健身类休闲活动的城镇居民人数占比分别为 10.94%、8.03%、9.9%，总体呈先减后增的趋势；选择居家休闲的城镇居民人数占比分别为 13.43%、9.01%、8.24%，出现一定幅度的下降。总体来看，在周末休闲中，城镇居民外出休闲意识日趋增强，消费购物休闲活动比重稳步提升，文化休闲、体育健身类活动出现波动。

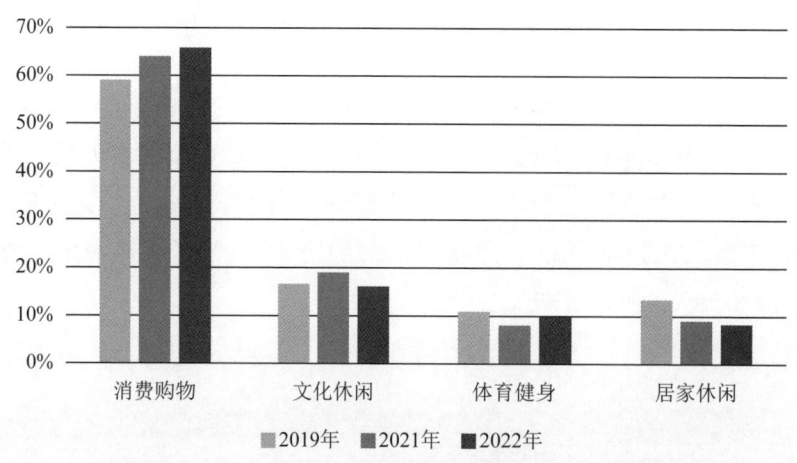

图 4-8 2019—2022 年城镇居民周末休闲内容分配比例

四、都在玩什么——休闲内容

Part 4 What Do People Play? — Leisure Content

节假日是城镇居民线下时间相对较为充裕的时间段。城镇居民可根据自己的需求选择最为喜爱的休闲活动。图4-9是城镇居民节假日休闲内容分配，2022年调查问卷显示，选择消费购物休闲活动的有5405人次，约占受访城镇居民总人次的59.49%；选择文化休闲活动的有2077人次，约占受访城镇居民总人次的22.86%；选择体育健身的有854人次，约占受访城镇居民总人次的9.4%；选择家庭内部休闲活动的有750人次，约占受访城镇居民总人次的8.25%。

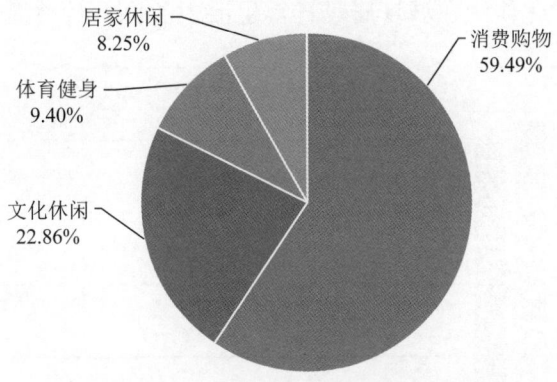

图4-9 2022年城镇居民节假日休闲活动

选择文化休闲活动的2077人次中，选择电影院的约占24.89%，选择戏剧院、歌剧院、音乐厅的约占11.65%，选择博物馆、展览馆、名人故居等的约占22%，选择实地观看文艺演出、体育比赛的约占18.01%，选择书店、图书馆的约占9%，选择学习科学文化知识的约占7.99%，选择书法绘画集邮等活动的约占6.46%（见图4-10）。

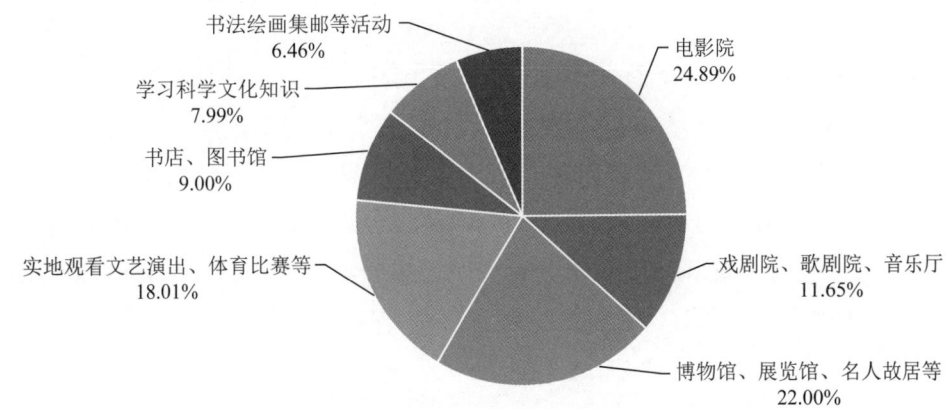

图4-10 2022年城镇居民节假日文化类休闲活动内容分配

59

图4-11是2019—2022年城镇居民节假日休闲内容分配。调查数据显示，节假日选择消费购物类休闲活动的人数占比从2019年的60.14%增长到2021年的62.61%，进而下跌至2022年的59.48%。而选择文化休闲活动的人数在近年来逐年增多，占比从2019年的16.92%到2021年的20.73%，然后增至2022年的22.86%。选择体育健身休闲活动的占比出现波动，分别为9.65%、7.78%、9.39%。选择家庭内部休闲活动的人数占比呈小幅递减趋势。可见，在时间较为充足的节假日，文化休闲在城乡居民日常生活中的比重日益提升。

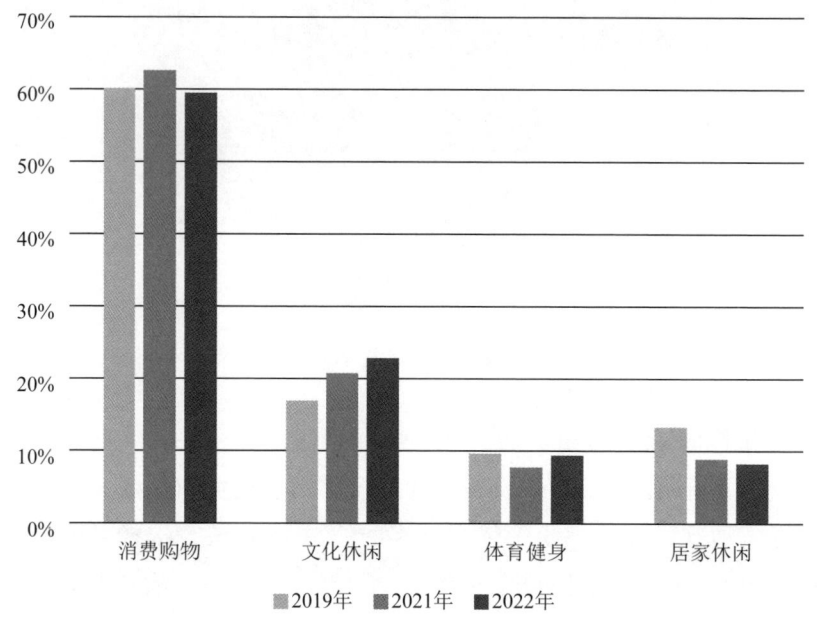

图4-11　2019—2022年城镇居民节假日休闲内容分配

由图4-12可知，对于周末和节假日的休闲活动，人们的休闲选择差异主要体现在消费购物与文化休闲这两类休闲活动上，即，随着闲暇时间增多，消费购物占比波动下降，而文化休闲比重波动上升。节假日选择消费购物休闲活动的城镇居民占比为59.49%，比周末低6.27个百分点，选择文化休闲的居民占比为22.86%，比周末高出6.76个百分点。城镇居民对体育健身、家庭内部休闲活动的选择在周末和节假日没有较大差异。

四、都在玩什么——休闲内容
Part 4　What Do People Play? — Leisure Content

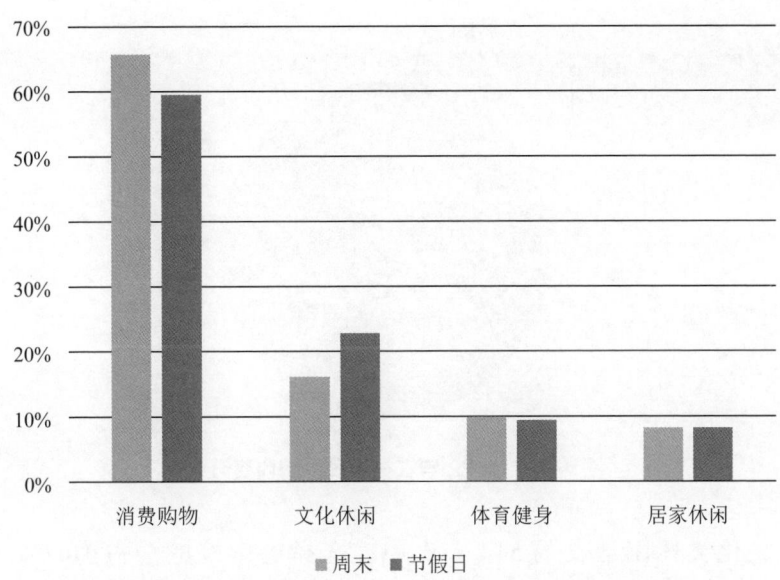

图 4–12　2022 年城镇居民不同时间段的休闲活动选择

2. 农村居民消费购物类休闲活动所占比重最大，外出休闲意识增强

此次调查中，农村居民休闲内容分配情况是：选择消费购物休闲活动（外出就餐、实地购物、美容、美发、美甲、洗浴、按摩、足疗，去咖啡厅、茶馆、酒吧、KTV、唱歌、游乐游艺、DIY 手工制作等）的有 2273 人次，约占受访农村居民总人次的 71.19%；选择文化休闲活动（去电影院、戏剧院、歌剧院、音乐厅、博物馆、展览馆、名人故居、书店、图书馆，实地看文艺演出、体育比赛，学习科学文化知识，书法绘画集邮等活动）的有 514 人次，约占受访农村居民总人次的 16.1%；选择体育健身（去健身中心，参与舞蹈、瑜伽、球类运动，游泳、跑步、骑自行车、散步遛弯、唱歌跳舞、练广播操，进行其他传统体育锻炼活动等）的有 216 人次，约占受访农村居民总人次的 6.76%；选择家庭内部休闲活动（包括家庭内聊天、亲戚串门、看电视、玩游戏、玩手机、玩 iPad、上互联网、打牌、打麻将、无事休闲、养花草和宠物、汽车维修保养、室内装修装饰等活动）的有 190 人次，约占受访农村居民总人次的 5.95%（见图 4–13）。

61

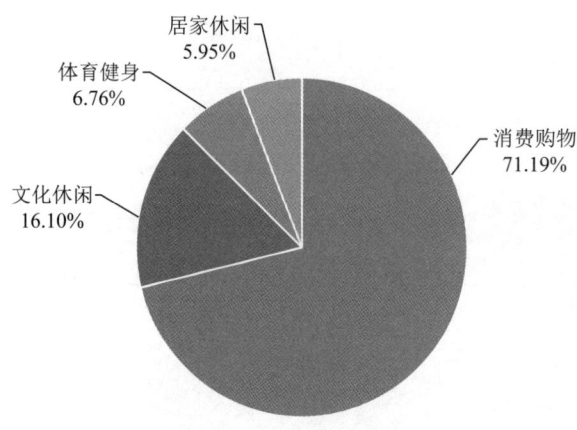

图 4-13　2022 年农村居民休闲内容分配

选择文化类休闲活动的 514 人次中，选择电影院的约占 10.7%，选择听戏曲、音乐的约占 49.03%，选择参观博物馆、展览馆、名人故居等的约占 12.26%，选择实地观看文艺演出、体育比赛的约占 8.37%，选择去书店、图书馆的约占 7.39%，选择学习科学文化知识的约占 7.59%，选择书法、绘画、集邮等活动的约占 4.66%（见图 4-14）。

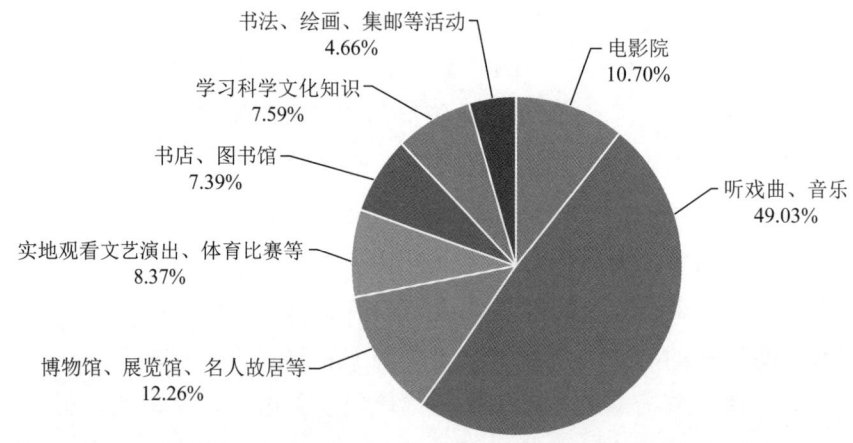

图 4-14　2022 年农村居民文化休闲活动内容分配

从农村居民休闲活动占比的纵向数据（见图 4-15）来看，在 2021 年和 2022 年中，选择消费购物休闲活动的城镇居民人数占比分别为 58.18%、71.19%，呈现增长趋势；选择文化休闲的农村居民人数占比分别为 16.29%、

16.1%，呈现略微降低的趋势；选择体育健身类休闲活动的城镇居民人数占比分别为11.35%、6.76%，呈现降低的趋势；选择家庭内部休闲活动的农村居民人数占比分别为14.18%、5.95%，出现大幅下降，说明居民外出休闲意识增强。总体来看，2021年到2022年农村居民消费购物休闲活动比重出现上升趋势，文化休闲活动、体育健身休闲活动和家庭内部休闲活动比重均呈现下降趋势。

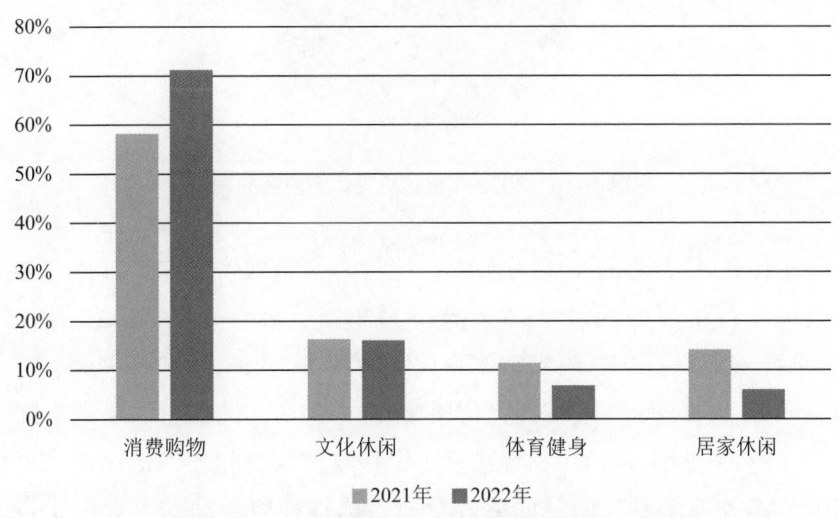

图 4-15　2021—2022年农村居民休闲内容分配

3. 消费购物类休闲活动成为退休居民休闲活动的主要内容，其余休闲活动的比重不断降低

随着我国社会老龄化的加快，退休居民比例增大，他们成为我国休闲内容特征分析的一个重要群体，因此这里单独列出。

图 4-16 是 2022 年退休居民休闲内容分配情况，此次接受调查的退休居民中，选择消费购物类休闲活动的人数最多，为 437 人次，约占受访退休居民总人次的 59.78%；其次为选择文化休闲活动的，达 101 人次，约占受访退休居民总人次的 13.82%；选择家庭内部休闲活动和体育健身类休闲活动的人数较少，分别为 105、88 人次，约占受访退休居民总人次的 14.36% 和 12.04%。

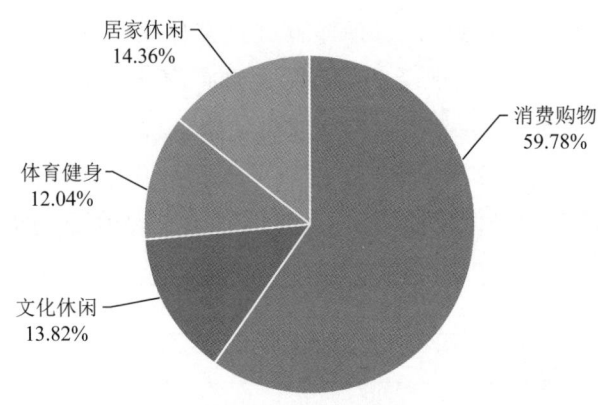

图 4-16 2022 年退休居民休闲内容分配

选择文化休闲活动的 101 人次中，选择电影院的约占 18.81%，选择戏剧院、歌剧院、音乐厅的约占 9.9%，选择博物馆、展览馆、名人故居等的约占 19.8%，选择实地观看文艺演出、体育比赛的约占 19.8%，选择书店、图书馆的约占 10.89%，选择学习科学文化知识的约占 7.92%，选择书法绘画集邮等活动的约占 12.88%（见图 4-17）。与城镇居民和农村居民相比，退休居民对书法绘画集邮等活动表现出更为明显的偏好意向，选择该项活动的人数占比是城镇居民、农村居民占比的 2~3 倍。

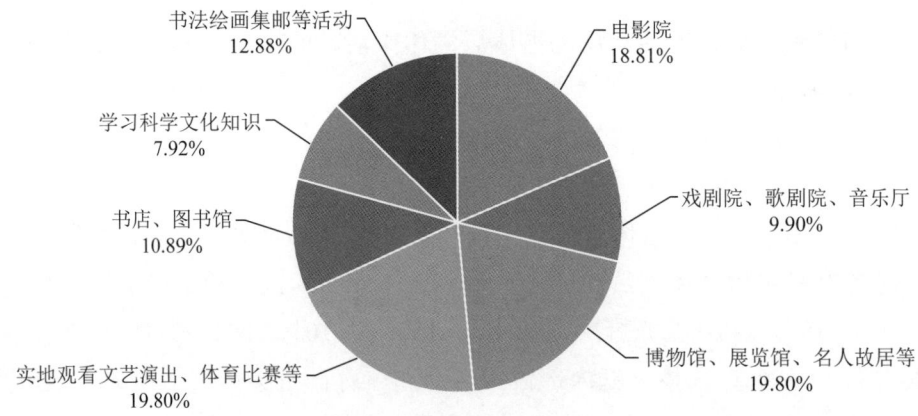

图 4-17 2022 年退休居民文化休闲活动内容分配

近年来退休居民休闲内容发生较大变化。如图 4-18 所示，2022 年，消费购物休闲活动仍以绝对优势成为退休居民的主要休闲活动，且与 2019 年、2021

四、都在玩什么——休闲内容
Part 4 What Do People Play? — Leisure Content

年相比呈现较为明显的增长态势；体育健身、家庭内部休闲比重呈现大幅降低然后小幅回升的趋势；而文化休闲活动占比持续降低。整体来看，2022年退休居民的休闲分配较不均匀，消费购物占比过半。

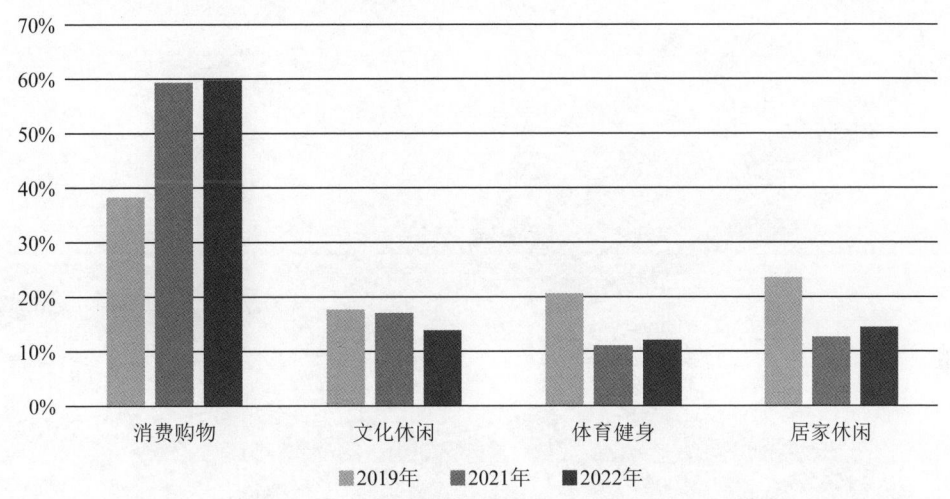

图 4-18　2019—2022 年退休居民休闲内容分配

4. 城乡居民对具体休闲活动的偏好

（1）消费购物类休闲活动内部结构

从消费购物类休闲活动内部结构（见图 4-19）来看，城乡居民在休闲活动选择上存在一定差异性：实地购物，美容、美发、美甲，洗浴、按摩、足疗，是城镇居民闲暇时间首选的前三项休闲活动；去茶馆、酒吧喝茶品酒，美容、美发、美甲，洗浴、按摩、足疗，是农村居民排名前三的消费购物类休闲活动，三项占比之和达 68.1%；对退休居民来讲，实地购物，外出就餐，美容、美发、美甲，是排名前三的休闲活动，占比之和达 63.84%。比较城乡居民、退休居民的各类消费购物休闲活动，可发现：退休居民实地购物占比最高，为 27.92%；城镇居民工作日占比次之，为 22.29%；城镇居民节假日的实地购物占比最低，为 12.93%。与城镇居民、退休居民相比，农村居民在闲暇时间更喜欢喝茶、美发等休闲活动，二者占比达 47.48%。随着闲暇时间增多，选择实地购物与美容美发的城镇居民减少，而参与游乐游艺、洗浴按摩、DIY 工艺活动以及 K 歌等休闲活动的城镇居民有所增多。

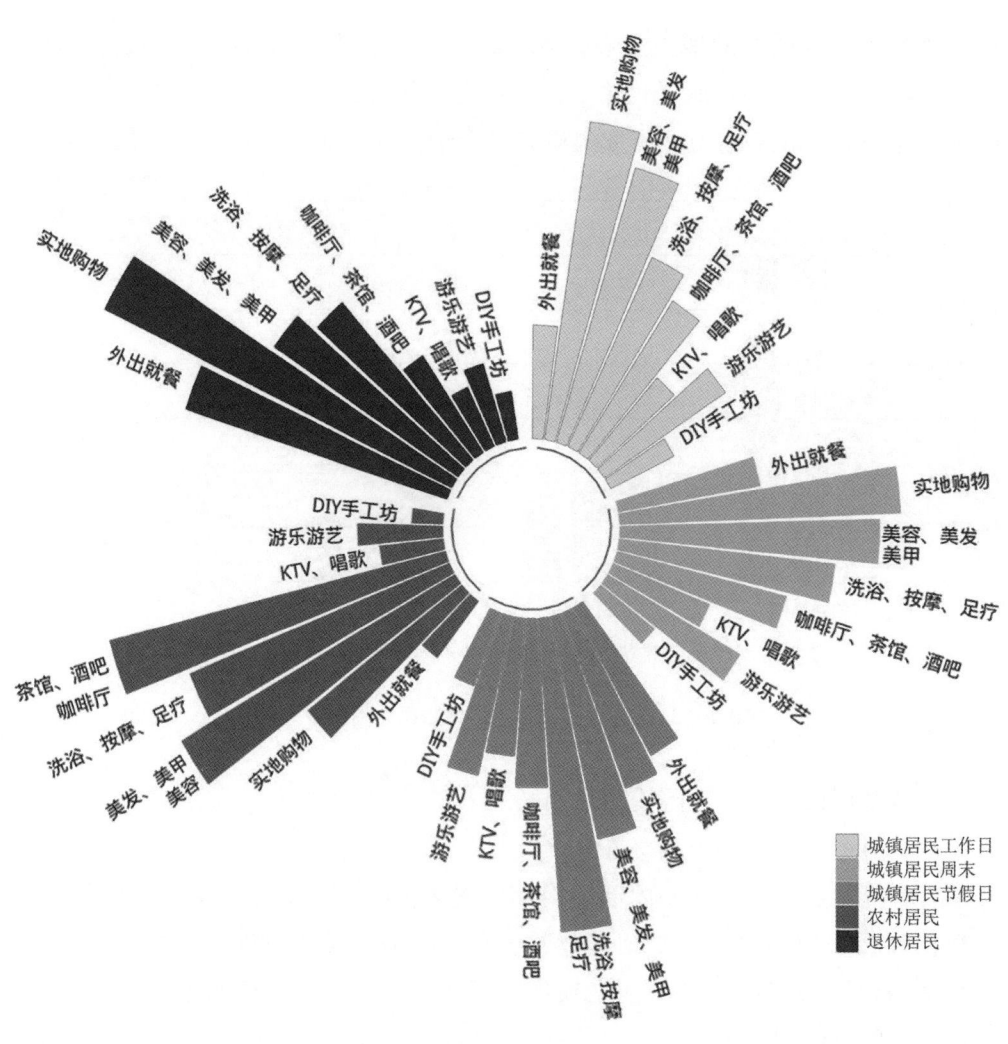

图 4-19 2022 年消费购物类休闲活动内部结构

（2）文化休闲活动内部结构

从文化休闲活动内部结构（见图 4-20）来看，58% 左右的城镇居民和退休居民喜欢看电影、参观博物馆及展览馆、观看文艺演出等休闲活动；72% 左右的农村居民喜欢听戏曲，看电影，参观博物馆、展览馆等文化休闲活动。比较城乡居民单项文化休闲活动发现：城镇居民最喜欢的休闲活动是看电影，尤其是工作日，该项休闲活动占比达 30.85%，但随着闲暇时间增多，选择去参观博物馆、展览馆、科技馆等的城镇居民有所增加。与城镇居民和退休居民相比，农村居民最喜欢听戏曲，受访者占比高达 49.03%，而选择参观博物馆、展览馆，观看文艺演出、体育比赛等，去图书馆、书店看书等，以及学习科学文化知识，这 4 项文化休闲活动的农村居民占比明显低于城镇居民和退休居民；对于退休居民而言，其对书法、绘画、集邮等活动表现出更为明显的偏好意向，占比达 12.88%，是城镇居民、农村居民相应占比的 2~3 倍。

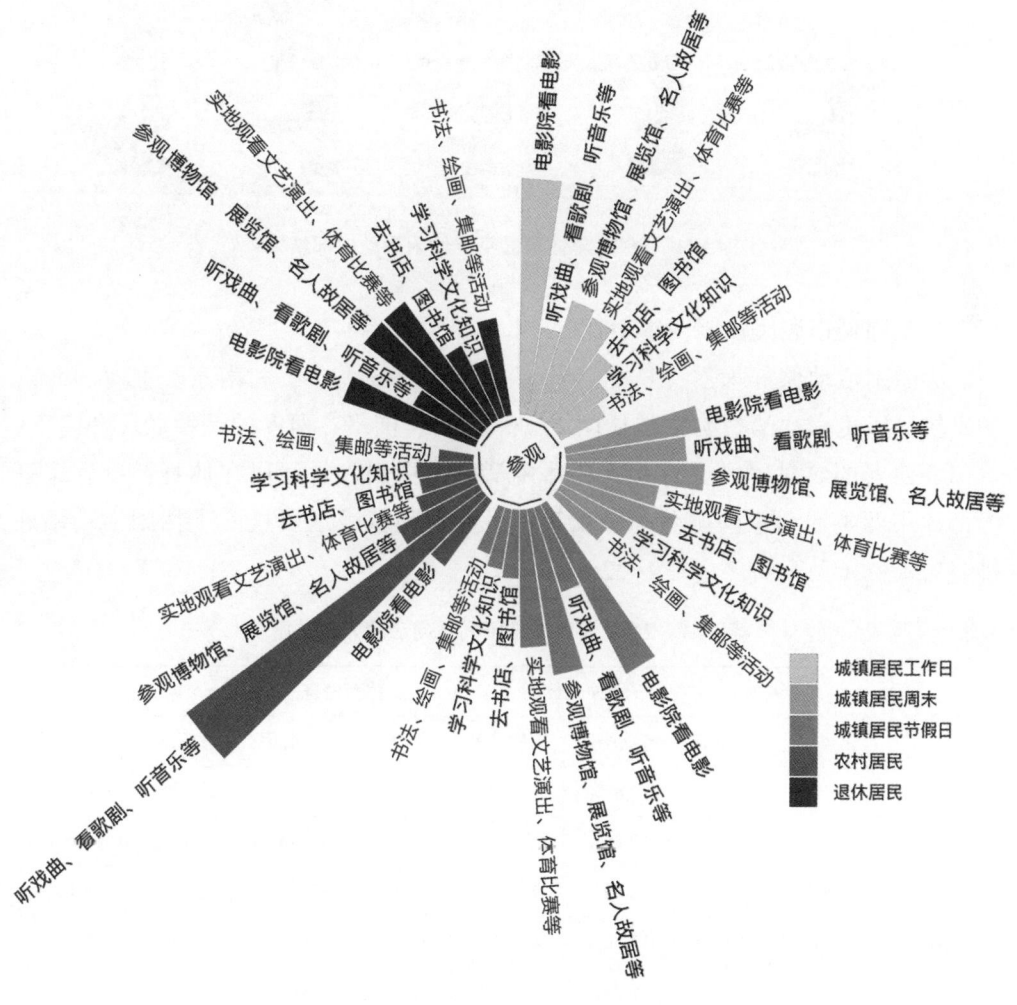

图 4-20　2022 年文化休闲活动内部结构

（3）体育健身休闲活动内部结构

从具体体育健身休闲活动来看，城镇居民、农村居民与退休居民存在一定的偏好差异。如图 4-21 所示，在各类体育健身休闲活动中，城镇居民最喜欢球类运动，农村居民与退休居民最喜欢散步遛弯。随着闲暇时间增多，城镇居民对各类体育健身休闲活动的选择呈现一定的差异性。节假日参与散步遛弯活动的城镇居民占比低于工作日，由15.27%降为10.77%；而选择参与球类运动、唱歌跳舞以及武术太极等传统体育锻炼活动的城镇居民人数占比明显高于工作日，在节假日这一比例达到18.97%，比工作日高出10个百分点。

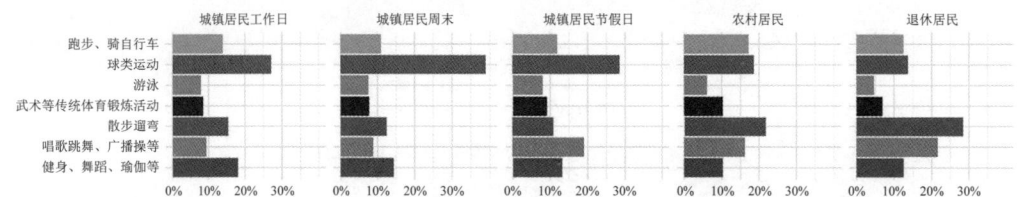

图 4-21　2022 年体育健身类休闲活动内部结构

5. 不同城市居民休闲内容对比

从休闲活动偏好来看，杭州、北京、长沙的城镇居民和南京、上海、北京的农村居民更喜欢消费购物类休闲活动；沈阳、杭州、西安的城镇居民和南京、杭州、西安的农村居民更喜欢文化休闲活动；杭州农村居民在体育健身和家庭内部休闲两类活动中的排名均位列第一，而杭州城镇居民这两项休闲活动偏好排名居末位（见表4-1、图4-22）。

表 4-1　2022 年各城市不同休闲活动人数占比

城市	消费购物		文化休闲		体育健身		家庭内部休闲	
	城镇居民	农村居民	城镇居民	农村居民	城镇居民	农村居民	城镇居民	农村居民
北京	65.49%	74.44%	17.69%	10.90%	7.52%	7.89%	9.30%	6.77%
上海	60.81%	76.97%	19.20%	9.87%	10.95%	5.26%	9.04%	7.90%
广州	63.08%	74.19%	16.89%	11.29%	11.45%	5.38%	8.58%	9.14%
成都	62.32%	67.65%	17.70%	13.97%	10.72%	9.56%	9.26%	8.82%
西安	61.74%	69.80%	19.87%	17.25%	10.35%	6.67%	8.04%	6.28%
长沙	63.13%	71.28%	17.97%	11.17%	12.23%	7.45%	6.67%	10.10%
沈阳	60.52%	58.49%	24.70%	16.60%	7.32%	13.58%	7.46%	11.33%
武汉	62.08%	60.41%	17.64%	16.24%	9.05%	15.74%	11.23%	7.61%
南京	58.58%	79.07%	19.76%	19.41%	11.10%	0.68%	10.56%	0.84%
杭州	67.95%	50.43%	20.89%	17.67%	5.27%	19.40%	5.89%	12.50%

四、都在玩什么——休闲内容

Part 4 What Do People Play? — Leisure Content

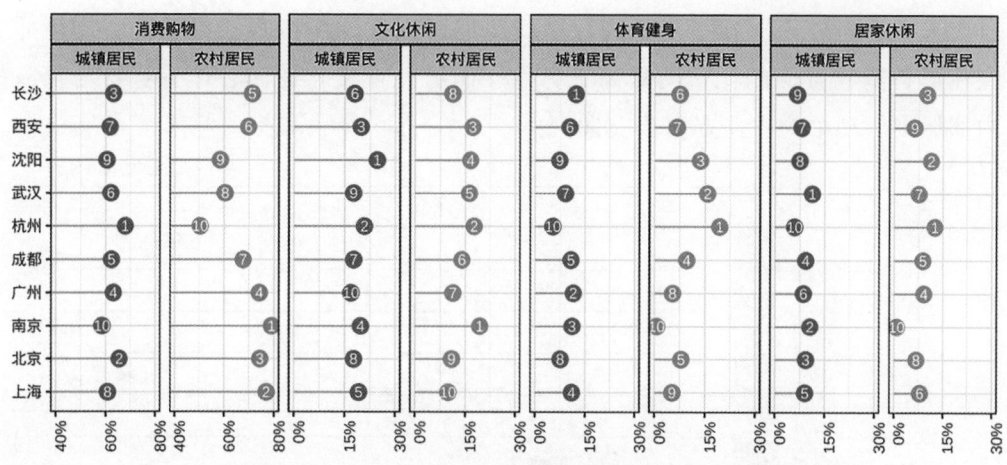

图 4-22 2022 年各城市不同休闲活动人数占比排名

（二）不同属性人群休闲内容特征

1. 不同属性城镇居民休闲内容特征

（1）不同性别人群：男性主要偏好体育健身与家庭内部休闲活动，女性则更加偏好消费购物类休闲活动和文化休闲类活动

图 4-23 显示了 2022 年不同性别城镇居民工作日休闲内容分配情况。选择消费购物与文化休闲的女性占比明显高于男性，而选择体育健身与居家休闲的女性居民占比低于男性。

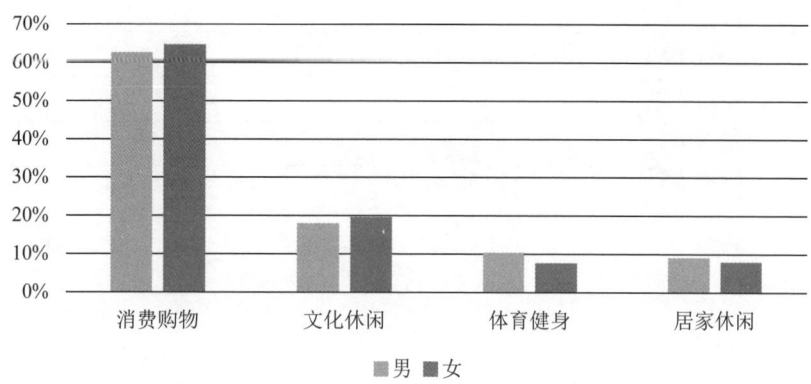

图 4-23 2022 年不同性别城镇居民工作日休闲内容分配

69

图4-24显示了2022年不同性别城镇居民周末休闲内容分配情况,女性居民在消费购物方面的比重明显高于男性,而男性在文化休闲、体育健身与家庭内部休闲活动中的占比要高于女性。

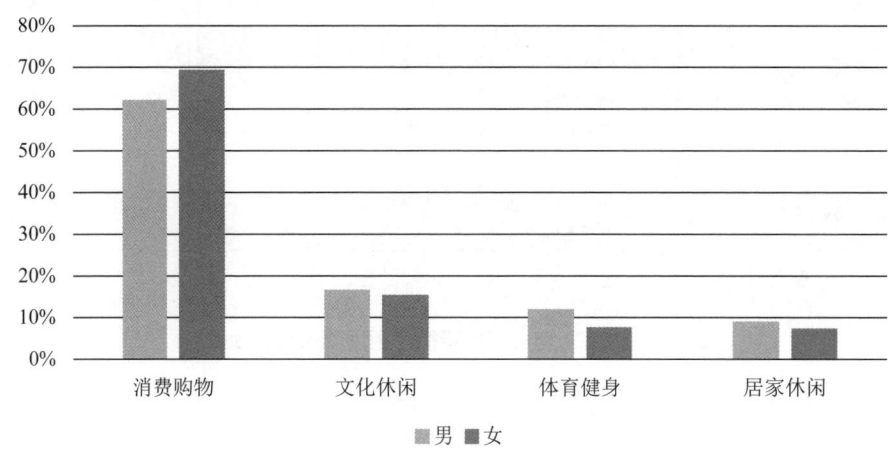

图4-24　2022年不同性别城镇居民周末休闲内容分配

图4-25显示了2022年不同性别城镇居民节假日休闲内容分配情况,在时间充足的节假日,男性居民选择消费购物、体育健身、家庭内部休闲活动的比重要高于女性,而女性在文化休闲方面的比重要高于男性居民,这与周末的情况截然不同。

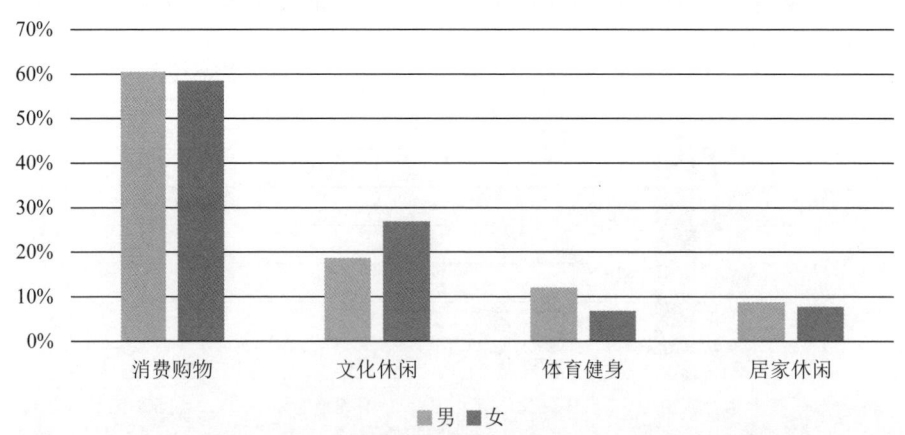

图4-25　2022年不同性别城镇居民节假日休闲内容分配

四、都在玩什么——休闲内容
Part 4 What Do People Play? — Leisure Content

由以上分析可知，不同性别的城镇居民在工作日、周末和节假日的休闲内容均以消费购物类休闲活动为主。在消费购物类休闲活动方面，一般而言，女性选择的比重远大于男性，但在休闲时间较为充裕的节假日，男性在消费购物类休闲活动方面的比重反超女性，这种差异的出现反映了民众消费观念的变化。总体看来，女性与男性对于休闲类型有着不同的选择特性。消费购物类休闲活动与文化类休闲活动为女性首选，而体育健身以及家庭内部休闲活动大体上以男性为主，且随着闲暇时间的增多，选择体育健身的城镇居民性别差异更为明显：工作日、周末、节假日期间选择体育健身的男性城镇居民占比分别比女性高出 2.67 个百分点、4.38 个百分点和 5.3 个百分点。

（2）不同年龄段人群：随着年龄的增长，选择体育健身和家庭内部休闲活动的比重波动上涨

从图 4-26 可知，2022 年不同年龄城镇居民选择消费购物类休闲活动的比重仍是最大的。随着年龄的增加，选择文化类休闲活动的人数比重呈现先减后增的趋势，而选择体育健身和家庭内部休闲活动的人数大体呈现增加的趋势。相比之下，不同年龄段的城镇居民工作日在单一休闲活动选择方面又存在着差异：30~44 岁、45~59 岁的城镇居民更喜欢消费购物类休闲活动；15~29 岁、60 岁及以上年龄的城镇居民选择文化休闲活动的占比在 4 个年龄段中属较高水平；对体育健身及家庭内部休闲这两项休闲活动而言，各年龄段城镇居民占比差异不大。

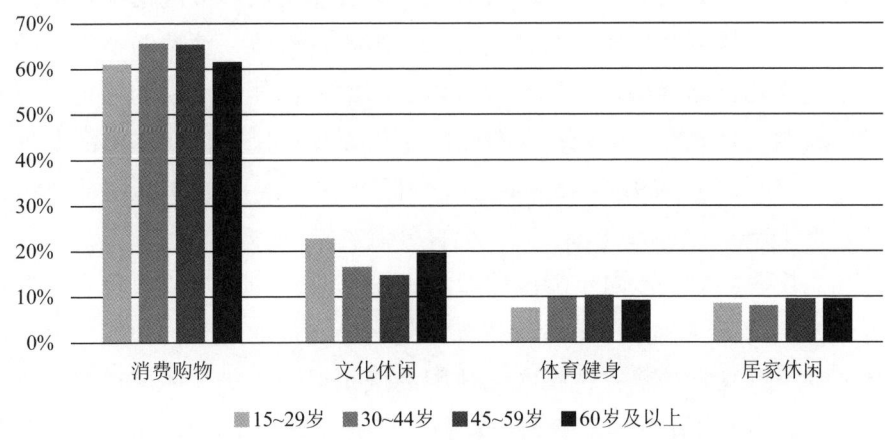

图 4-26　2022 年不同年龄段城镇居民工作日休闲内容分配

图 4-27 是 2022 年不同年龄城镇居民周末休闲内容分配情况。总体来看，随着年龄增长，选择消费购物的城镇居民占比呈现波动下降变化趋势；选择文化休闲的城镇居民则呈现随年龄增长占比依次增加的特征；选择体育健身与家庭内部休闲活动的城镇居民占比分别呈倒"U"形和"U"形变化趋势。具体来看，不同年龄段城镇居民周末对单一休闲活动的选择存在着一定差异：15~29 岁青年人选择消费购物类休闲活动的比重明显高于其他年龄群体；30~44 岁年龄段的城镇居民在体育健身类休闲活动中的占比比其他年龄段更大；而老年人选择文化休闲类和家庭内部休闲活动的比重偏大。

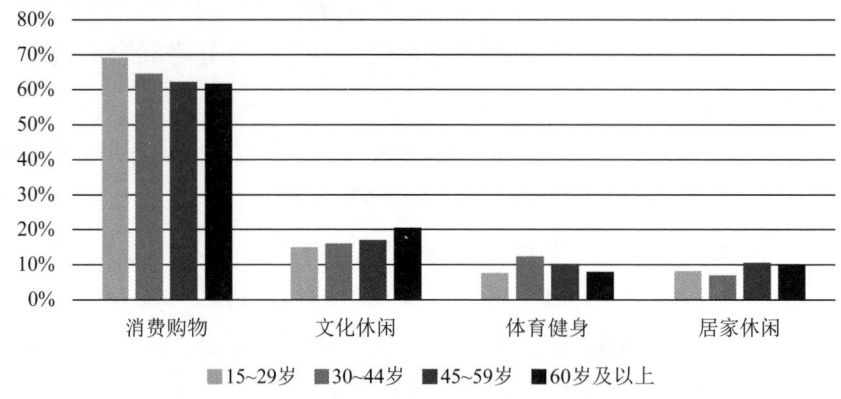

图 4-27　2022 年不同年龄段城镇居民周末休闲内容分配

图 4-28 是 2022 年不同年龄城镇居民节假日休闲内容分配情况。从总体上看，不同年龄群体节假日休闲活动呈现丰富多彩的态势，消费购物类休闲活动的比重超过文化类休闲活动、体育健身以及家庭内部休闲活动的比重。与其他年龄段的城镇居民相比，40~59 岁的居民在节假日选择文化类休闲活动的比重较为突出，分别比 15~29 岁、30~44 岁、60 岁及以上年龄段的城镇居民占比高出 16.07 个百分点、19.82 个和 18.21 个百分点。

由以上数据可知，不同年龄段城镇居民工作日、周末及节假日主要以消费购物类休闲活动为主。总体来看，随着年龄增长，选择消费购物的城镇居民占比呈现波动下降变化趋势；选择文化休闲的城镇居民占比大体呈现波动增加趋势；选择家庭内部休闲与体育健身的城镇居民占比分别呈"U"形和倒"U"形增加趋势。在时间充裕的情况下，文化类休闲活动更受 45~59 岁群体的青睐。

四、都在玩什么——休闲内容

Part 4 What Do People Play? — Leisure Content

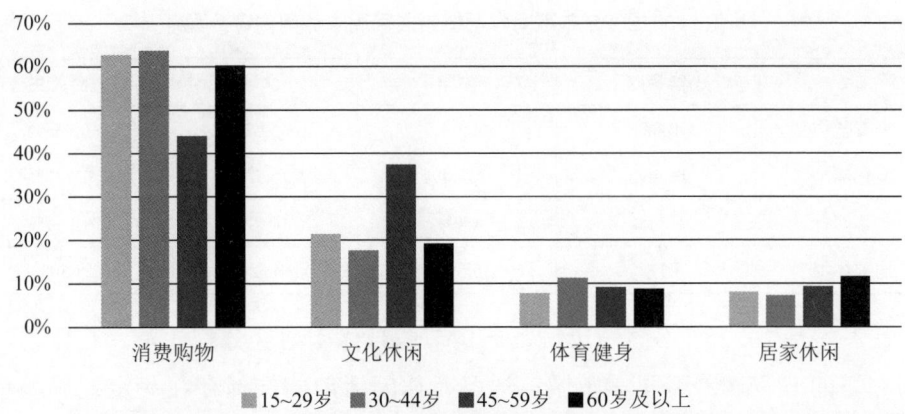

图 4-28　2022 年不同年龄段城镇居民节假日休闲内容分配

（3）不同学历人群：随着文化程度的提高，选择消费购物的城镇居民占比不断下降，而选择文化休闲与体育健身休闲活动的城镇居民占比不断攀升

表 4-2 显示了 2022 年不同学历城镇居民工作日休闲内容分配情况。在工作日，随着学历水平提高，选择消费购物的城镇居民占比不断下降。其中，小学及以下学历居民选择消费购物的占比为 78.73%，分别比中学、大学、研究生学历居民选择该项活动的占比高 6.9 个百分点、15.04 个百分点、17.45 个百分点。对于文化休闲和体育健身类休闲活动，学历越高的城镇居民其需求意愿越强烈。

表 4-2　2022 年不同学历城镇居民工作日休闲内容分配

	小学及以下	中学	大学	研究生
消费购物	78.73%	71.83%	63.69%	61.28%
文化休闲	12.76%	14.09%	18.45%	18.97%
体育健身	8.51%	7.77%	8.71%	11.04%
居家休闲	0.00%	6.31%	9.15%	8.71%

表 4-3 显示了 2022 年不同学历城镇居民周末的休闲内容分配情况。周末，不同学历水平城镇居民对休闲活动的选择偏好与工作日呈现大致相同的趋势。即，随着学历水平的提高，选择消费购物的城镇居民占比不断下降，由小学及以下学历水平居民的占比 70.84% 下降到研究生学历水平居民的占比 60.35%；选择文化休闲的城镇居民占比随学历水平提高呈现波动上升特征；选择体育健身的城镇居民占比随学历水平提高呈现依次增加态势。

73

表 4-3 2022 年不同学历城镇居民周末休闲内容分配

	小学及以下	中学	大学	研究生
消费购物	70.84%	69.98%	65.62%	60.35%
文化休闲	16.66%	14.44%	15.74%	18.58%
体育健身	8.33%	8.89%	10.02%	12.57%
居家休闲	4.17%	6.69%	8.62%	8.50%

表 4-4 是 2022 年不同学历城镇居民节假日休闲内容分配比重。在休闲时间最为充裕的节假日，不同学历城镇居民对休闲活动的选择存在一定差异。总体来看，城镇居民选择消费购物的比重随文化程度的提高而有所下降，选择文化休闲的比重随学历水平变化波动不大，选择体育健身的比重随文化程度的提高而有所增加；选择家庭内部休闲活动的城镇居民占比受文化程度的影响不大。

表 4-4 2022 年不同学历城镇居民节假日休闲内容分配

	小学及以下	中学	大学	研究生
消费购物	69.81%	65.19%	62.29%	59.36%
文化休闲	20.75%	21.98%	18.63%	20.32%
体育健身	1.89%	7.04%	10.39%	10.34%
居家休闲	7.55%	5.79%	8.69%	9.98%

由以上可知，在不同时间段内，消费购物类休闲活动占比最多，是城镇居民休闲内容的首要选择，文化休闲居于其次。随着文化程度的提高，城镇居民选择消费购物类休闲活动的比重呈现降低趋势，而选择体育健身的比重出现增加趋势。

（4）不同收入情况人群：随着收入的增加，选择文化休闲活动的城镇居民比重呈现上涨趋势，选择家庭内部休闲活动的居民比重变化较小

随着我国经济社会的不断发展，休闲活动在人们生活中的消费比重越来越大，不同种类的休闲活动所需要支付的费用也各不相同，所以收入水平的差别影响着人们的休闲选择，不同收入水平的人会有不同的休闲活动需求。

由表 4-5 可知，2022 年，消费购物类休闲活动的比重随收入的增加呈现减少的趋势，低收入群体所占比重最多，这表明低收入人群更加偏好消费购物类休闲活动。文化类休闲活动和居家休闲活动随收入的增加不断波动，但整体呈

现上升趋势：人均月收入 5000 元及以下城镇居民选择文化休闲活动的比例为 16.74%，而人均月收入 10 000 元以上城镇居民这一项的占比达 21.32%。选择体育健身活动的比重随城镇居民收入的增多呈现小幅波动下降态势。

表 4–5　2022 年不同收入（月收入）城镇居民休闲内容分配

	5000 元及以下	5001~10 000 元	10 000 元以上
消费购物	64.89%	58.98%	59.57%
文化休闲	16.74%	21.45%	21.32%
体育健身	9.73%	10.37%	9.09%
居家休闲	8.64%	9.21%	10.02%

2. 不同属性农村居民休闲内容特征

在 4 大类休闲活动中，消费购物已成为农村居民日常休闲活动的主要选择。但具体到单项休闲活动，不同性别、年龄、收入水平的农村居民又存在一定差异性。以下将针对不同属性农村居民的休闲活动进行分析。

（1）不同性别人群：男性偏好体育健身与居家休闲活动，女性更为偏好消费购物类及文化休闲活动

由图 4–29 可知，不同性别的农村居民对休闲活动的选择表现出不同的偏好。男性选择体育健身、居家休闲活动的受访者占比高于女性，分别比女性高出 4.71 个百分点、3.84 个百分点，而女性选择消费购物、文化休闲活动的受访者占比高于男性，分别比男性高出 3.52 个百分点、5.03 个百分点。

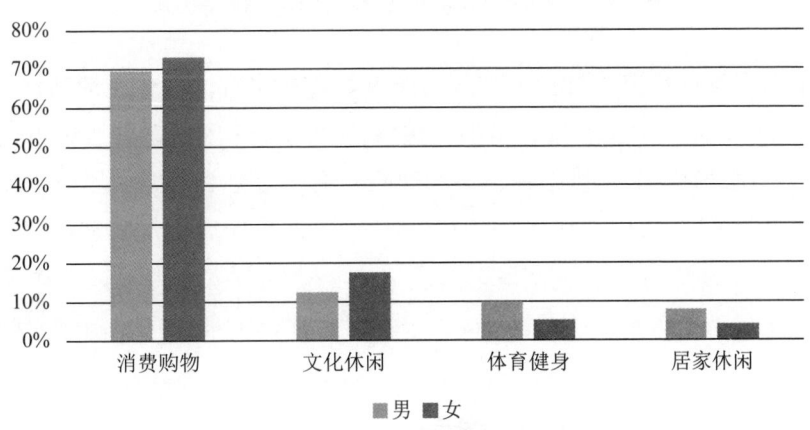

图 4–29　2022 年不同性别农村居民休闲内容分配

（2）不同年龄段人群：随着年龄的增大，选择消费购物的人群比重呈现先增后减趋势，而选择体育健身、居家休闲活动的人群占比则表现为先减后增趋势

由图4-30可知，45~59岁居民是消费购物主体，随着年龄增长，选择消费购物的农村居民占比先增加后减少，其中，45~59岁居民占比最高，为76.32%；而选择文化休闲的农村居民占比波动下降；选择体育健身和居家休闲的农村居民均呈现"U"形上升的变化趋势，其中，60岁及以上年龄农村居民选择体育健身、居家休闲的受访者占比分别为23.14%、14%，分别比45~59岁群体占比高出20.07个百分点、10.55个百分点。

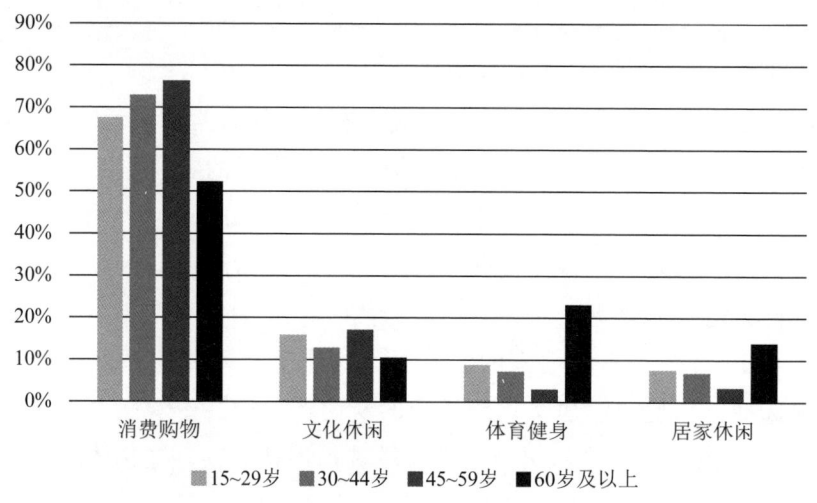

图4-30　2022年不同年龄农村居民休闲内容分配

（3）不同收入情况人群：低收入人群偏好选择家庭内部休闲活动

由图4-31可知，随着收入增加，选择消费购物休闲活动的居民占比呈先增加后减少的倒"U"形变化趋势，年均纯收入在1万~3万元的居民，其消费购物需求最为强烈；选择文化休闲的居民占比呈先减少后增加的"U"形变化趋势；选择体育健身的居民占比呈下降趋势，年均纯收入3万元以上居民是体育健身参与度最低的人群，占比为6%。选择居家休闲的居民占比随收入增加而有所提升。

四、都在玩什么——休闲内容
Part 4 What Do People Play? — Leisure Content

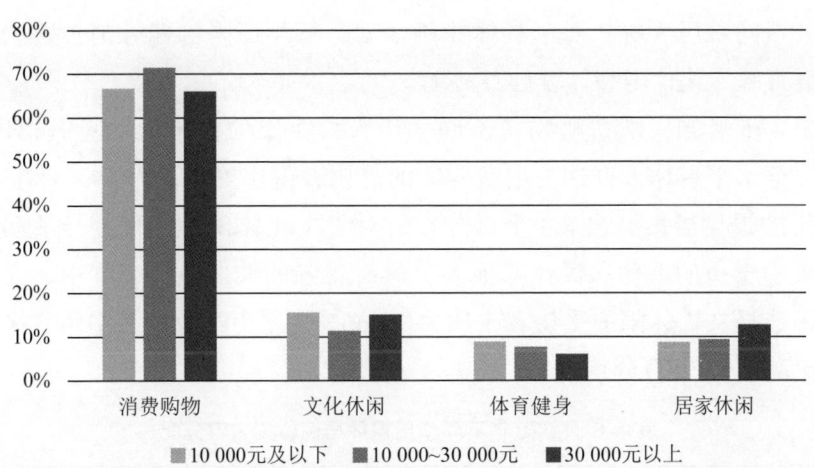

图 4-31　2022 年不同收入状况（年收入）农村居民休闲内容分配

3. 不同属性退休居民休闲内容特征

（1）不同性别人群：消费购物是不同性别退休居民的主要休闲活动，但不同性别居民对具体休闲活动的偏好呈现一定差异性

男性主要选择消费购物类休闲活动，女性主要选择家庭内部休闲活动、体育健身以及文化类休闲活动。

由图 4-32 可知，在退休居民的休闲活动选择中，不同性别的退休居民在具体休闲活动偏好上存在一定差异。选择消费购物的男性居民占比高出女性 10 个百分点，而选择文化休闲、体育健身和居家休闲的女性居民占比均高于男性。

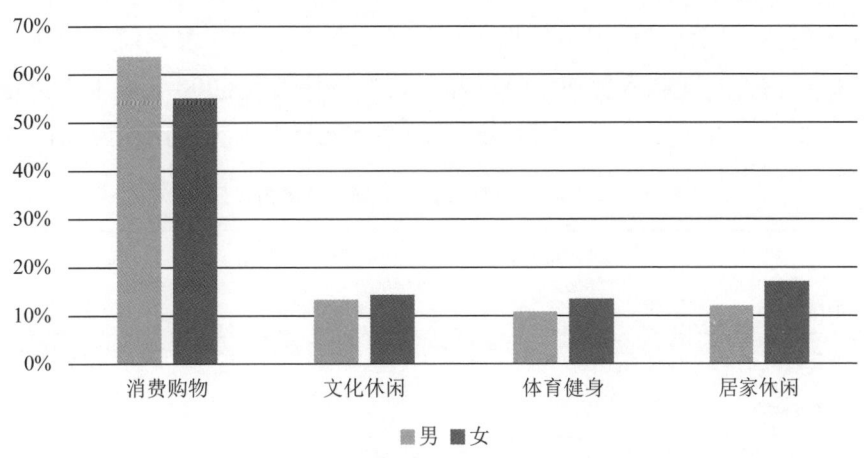

图 4-32　2022 年不同性别退休居民休闲内容分配

77

（2）不同学历人群：对于具体休闲活动，低学历人群偏好消费购物，中高学历人群青睐文化休闲和体育健身活动

由表4-6可知，消费购物是不同学历人群主要的休闲活动。但相比之下，小学及以下水平退休人群选择消费购物的受访者占比更高，为69.44%，比具有大学学历的退休居民高出8.4个百分点；对于文化休闲、体育健身活动，具有中学、大学学历的退休居民比其他人员具有更强的偏好意愿，其中，大学学历退休居民选择文化休闲的受访者占比为15.66%，比小学及以下学历水平的退休居民占比高7.33个百分点。

表4-6 2022年不同学历退休居民休闲内容分配

退休居民	小学及以下	中学	大学	研究生
消费购物	69.44%	57.25%	61.04%	65.00%
文化休闲	8.33%	13.71%	15.66%	10.00%
体育健身	5.56%	13.29%	12.41%	5.00%
居家休闲	16.67%	15.75%	10.89%	20.00%

（3）不同收入情况人群：随着收入水平的提高，选择文化休闲的退休居民占比明显提高，而选择居家休闲的人员占比大幅下降

由表4-7可知，消费购物类休闲活动随着收入的增加呈现先减后增的趋势，而随着收入的增加，选择文化休闲的比重呈现明显上涨趋势，其中月收入10 000元以上退休居民占比比月收入5000元以下人员占比高出8.2个百分点；选择体育健身休闲活动的退休居民占比随收入增加波动上涨，而选择居家休闲的退休居民占比则随收入增加大幅下降，其中，月收入5000元以下人员选择居家休闲的受访者占比为15%，而月收入10 000元以上人员占比仅为2.12%。

表4-7 2022年不同收入退休居民休闲内容分配

	5000元以下	5000~10 000元	10 000元以上
消费购物	60.54%	55.98%	63.83%
文化休闲	13.08%	17.37%	21.28%
体育健身	11.38%	13.32%	12.77%
居家休闲	15.00%	13.33%	2.12%

五、旅游休闲街区：国民休闲的活跃区域

党的十九届五中全会明确要求"打造一批文化特色鲜明的国家级旅游休闲街区"。文化和旅游部适时通过发展规划、行业标准和政策文件给予了及时响应。2021年文化和旅游部、国家发展改革委推出了首批54个国家级旅游休闲街区，从战略和工作抓手两方面进行了重要部署。在政策外力和市场内力的共同作用下，休闲街区日益活跃，成为满足城乡居民休闲需求的综合性载体。

本报告选取北京南锣鼓巷、三里屯、蓝色港湾，成都宽窄巷子，上海南京路，广州天河路，重庆解放碑，武汉江汉路，西安回民街，哈尔滨中央大街共10个知名街区、商圈，对其进行游记分析，研究访客对街区的形象感知要素；进一步结合国内外知名街区、商圈案例分析，以需求的视角从空间维度、功能维度和形象维度勾勒国民心中的旅游休闲街区。

（一）国内外知名街区、商圈案例解析

1. 国外知名街区、商圈案例解析

（1）美国纽约第五大道

第五大道是美国纽约曼哈顿一条重要的南北向干道，其两端分别是华盛顿广场公园和中央公园，中间穿过格林威治村、中城、上东区、哈莱姆区，全长11.27公里，是世界著名的城市中心休闲、旅游胜地。其中，中央公园处于曼哈顿的"心脏"地带，公园内设有艺术廊、剧院、动物园、网球场、游泳池，外围还有8座博物馆和美术馆，可提供各项人性化的服务功能。最南端的华盛顿广场文化气息浓郁，是作家、画家、演员、艺术家的聚集地。

第五大道沿线景点众多，由南至北有帝国大厦、纽约公共图书馆、洛克菲勒中心、圣帕特里克教堂以及中央公园等。沿路博物馆众多，包括大都会艺术

博物馆、惠特尼美术馆、古根汉姆美术馆、现代艺术博物馆、美国手工艺品博物馆、电视电台博物馆、纽约市博物馆、库珀·休伊特设计博物馆等著名的美术博物馆，因此也被称为"博物馆大道"。

第五大道商业街主要拥有商业零售、商务办公、文化艺术与科技创新功能。货品丰富、品牌尤其是世界知名品牌齐全、高档优质为其突出特点。

作为一条穿越曼哈顿的主要街道，第五大道每年都举办各式游行或传统节日活动，折射出了纽约的文化多样性及多元文化价值观。第五大道作为承载这些活动的商业街区，亦形成了多元包容的商业文化。

第五大道上采取人车混行的交通模式，平时允许小汽车和公交车通行，只是在夏季的星期日或大巡游期间禁止汽车通行。在第五大道上，留有专门的自行车道。第五大道与20余条街道相交，且这些街道大多为单行车道，不能停车。

（2）法国巴黎香榭丽舍大街

香榭丽舍大街位于巴黎市老城区的中心，东起协和广场，西至星形广场，是巴黎最为繁华、浪漫的街道。大街呈长条状分布，以圆点广场为界分成两部分：东段是约700米长的林荫大道，西段是长约1200米的高级商业区。西段的商业区是全球世界名牌最密集的地方，分布有法国航空公司、法兰西商业信贷银行，以及奔驰、雪铁龙等名牌轿车公司的展厅，此外还汇聚了一些著名的香水店、夜总会和快餐店。著名的凯旋门就矗立在大街西段星形广场的中央。

香榭丽舍大街是文学作品中贵族和新兴资产阶级的娱乐天堂，许多关于18、19世纪的小说，例如大仲马的《基督山伯爵》、小仲马的《茶花女》、巴尔扎克的《高老头》等作品都对香榭丽舍大街的繁华做了描写。许多重大的节日庆典在香榭丽舍大街举行，同时还常常举办一些群众性文化活动，如"收获节""雕塑展""列车展"等，体现了巴黎人独有的创意和浪漫气质，展现了巴黎的城市文化。

巴黎香榭丽舍大街允许汽车通行，大街为双向八车道，同时采取了增加公共交通运量、近距离交通、鼓励步行等措施控制和减少车流量，降低车行交通对环境及人的活动的影响。

（3）日本东京银座

自20世纪20年代后期，银座开始成为东京最繁华、格调最高雅的新潮商业中心，成为高级、名牌、流行、品位、信用、货真价实、憧憬、时尚的代名词。其不仅是东京商业中心的代表,而且已发展成日本现代化的标志和橱窗,具有独特的"标新"和"逆反"文化特征。

银座的繁荣得益于发展迅速的交通体系,特别是和地铁的发展密切相关。银座附近有日比谷、有乐町、丸之内线等多条线路。银座中央大街周一至周五汽车可以通行,周六和周日会进行交通管制,将银座中央大街变成步行街。

银座业态丰富,零售商店、餐厅、茶馆、咖啡厅、酒吧、歌舞厅以及画廊、展览馆、博物馆等休闲、文化设施完善。

（4）加拿大蒙特利尔地下城

加拿大蒙特利尔,是对城市地下空间成功利用的典范,号称拥有全球规模最大的地下城。其起源于修建穿越皇家山（MontRoyal）的铁路地道,最初主要依靠交通和商业这两个功能,后来发展成集交通、商业、休闲娱乐功能于一体的综合型场所。

蒙特利尔市地下城的空间形态变化反映了一个城市地下空间演化的传统规律,即从点状开发到多核式分散组团,并沿着轴向发展,组团内部扩展,形成点状引擎,组团之间逐步连通形成系统。

地下城的公共服务设施建设较为完善,所有出入口都设有自动升降梯。地下城长廊里摆有各种花草树木,利用电灯光促其生长。花草树木间安置各种椅凳,供游人、顾客休息。

2.国内知名街区、商圈案例分析

（1）北京南锣鼓巷

北京南锣鼓巷南起地安门东大街,北至鼓楼东大街,东起交道口南大街,西至地安门外大街,全长786米,平均宽6米,是我国唯一完整保存着元代"蜈蚣街"式胡同肌理和"八亩院"式院落结构,规模最大、品级最高、资源最丰富的棋盘式传统民居区。

南锣鼓巷内名人故居、文化单位集聚,具有深厚的历史文化底蕴、丰富的历史文化旅游资源和宝贵的非物质文化遗产。此外,南锣鼓巷民间自发形成的民俗文化兴盛,传统手工艺、传统竞技、传统娱乐表演和其他民俗技艺或爱好在周边居民中相对普及,这些非物质文化遗存尤其体现了地方文脉与特色。

南锣鼓巷业态以餐饮与文创为主,其中,创意工艺品店铺是整个主街数量最多的店铺类型,其次分别是餐饮,再次分别为创意服饰、酒吧咖啡馆、茶庄、创意工作室、会所客栈、日用商店等。

南锣鼓巷区域文化氛围浓厚，周边分布有中央戏剧学院、北京美术家协会等艺术机构，以及中国实验话剧院、实验剧场等场所。近年来，随着文化投资者和艺术爱好者的介入，文化创意产业已具有一定的产业规模和氛围，初步形成了以休闲旅游、文化艺术、创意设计、艺术品交易、游戏动漫等为主的文化创意产业。

（2）北京蓝色港湾

北京蓝色港湾位于朝阳区朝阳公园西北岸，由两条室外步行街、多条半室内步行街、中央广场和不同高差的小空间构成。其处于CBD、燕莎及丽都三大商圈重合交会的核心位置，周边环绕着第三大使馆区和众多高档公寓、写字楼。

蓝色港湾是典型的结合Shopping Mall的商业模式与步行街环境要素的主题型开放式商业区。其以一条线形带状空间作为主轴，通过收放、开合形成了富有节奏韵律的多功能开放空间。

蓝色港湾是一个多业态购物中心，由美瑞百货、SOLANA MALL、亮马食街、活力城、品牌街、亮码头酒吧街等区域组成，业态涵盖零售、餐饮、酒吧、娱乐等。其中，休闲、零售业是蓝色港湾最主要的业态，其次为餐饮、酒吧、娱乐、酒店等。餐饮主体以主题特色餐饮、商务餐饮为主，以业态的组合吸引人流，带动购物。

蓝色港湾注重公共服务设施的建造与完善，商场内建设有数量充足、注重细节设计的休息设施，兼顾趣味性与安全性的无障碍设施以及人性化的停车场等公共服务设施。

（3）重庆解放碑

重庆解放碑步行街核心部分是以"人民解放纪念碑"为中心的大十字，含民权路、民族路和邹容路；此外，沿核心部分向周边辐射，共同构成了解放碑商业步行街，并连缀起大都会前庭广场、解放碑广场、女性购物广场、大世界等广场空间。

解放碑从发展之初就是商业和文化交织在一起，发展至今，已成为商业商贸聚集地，也保持了城市文脉。其东南部分布有众多的历史文化资源，包括国家级文物，如湖广会馆、通远门、人民解放纪念碑等等。解放碑步行街区域独特的历史文化资源与地理环境特征，体现了历史与现代的有机结合，彰显出重庆现代化都市包容、大气的魅力与品位。

解放碑步行街汇聚了现代化大都市中的几乎所有业态。临街以零售业与餐饮为主，其次为银行与娱乐业。

解放碑作为重庆的一处重要景观步行街，环境配套设施极具人性化，景观组织较为合理，营造了惬意繁华的整体氛围。

（4）广州天河路

天河路商圈位于广州市新中轴线上，是广州地铁线路站点最密集的地段。天河路是广州核心商圈，也是中国最具规模的高端商贸集聚区之一，有"华南第一黄金商业带"之美誉，集聚了首次进入广州的70%以上的国际品牌。

以天河路为轴，路北依次为广州市购书中心、维多利亚广场、太古汇广场，路南有中怡时尚中心、天河城购物中心等一系列大型百货、购物中心业态。往东延伸，有广州电脑城、百脑汇广场、摩登百货等专业店专卖店业态，后街则是特色餐饮的板块，其相邻的体育路特色餐饮一条街完整地补全了整个天河路商圈所需的相关业态组合，保证了商圈的持续稳定繁荣。

此外，天河路商圈还承载着居住功能。居住区总体位于较外围区域，由最初的大片区填充式建设逐渐演变为缝隙式小地块建设，且部分居住区的底层居住功能逐渐演化为商业功能，居住区逐渐向多功能混合型社区发展。

（5）上海南京路

上海南京路是上海开埠后最早建立的一条商业街。它东起外滩，西迄延安西路，横跨静安、黄浦两区，全长5.5公里，以西藏中路为界分为东西两段。其中，南京东路一直以来被誉为中华商业第一街，素有"十里南京路，一个步行街"的称号，路旁遍布着各种上海老字号商店及商城。南京西路是全上海最奢华的时尚商业街区，以奢侈品和高端个性消费品为主。

南京路商业布局结构由最初的线状结构转为向区域商业的块状结构发展。以南京路步行街为轴心，对周边区域进行逐步开发，形成了"非"字布局结构。其商业建筑体现了近代上海所特有的一种海派风格。南京路步行街不允许车辆进入，但周边公共交通十分便利。

（6）成都宽窄巷子

成都宽窄巷子是由宽巷子、窄巷子和井巷子3条平行排列的老式街道及其之间的四合院群落组成的历史文化休闲街区。

宽窄巷子的空间形态与其形成历史有重要关系。其最初主要是清朝八旗军队及家属居住与日常生活娱乐的地方，因此建筑布局是按照八旗军的传统规定来设置的，具体以长顺街为中线，两旁共有官街8条，兵街42条，形成了"鱼脊式"的北方胡同布局特色。

其中，宽巷子主要是以旅游休闲业态闻名；窄巷子主要是以"慢"闻名，代表了老成都的一种慢生活；井巷子是时尚、潮流汇聚之地，展现了成都的新面貌，以包容性和多元性而扬名。

从业态构成来看，宽窄巷子餐饮、零售、花车类商业种类最多，咖啡、酒店、酒吧次之。其中，零售类以四川特产、熊猫文玩、蜀锦为主要销售对象；餐饮类以茶与四川特色小吃为主要销售对象。

宽窄巷子内外遍植树木，极为注重生态空间的营造。

3. 案例启示

通过国内外知名街区、商圈案例分析发现，城市旅游休闲街区需要有丰富的业态类型，要有不断刺激和吸引人的活动，而且多数与城市中心其他亮点如文化设施、市民中心、金融中心、娱乐甚至居住设施紧密联系。总体上其特色要素可以总结为以下几方面。

旅游休闲街区并非单一的线形空间。旅游休闲街区通常不仅仅是单一的街道，而是增加了很多要素，比如几条街连成网状，街的两端配有广场等。街区可能是地上或地下步行商业街，也有可能是空中天桥步行系统，还有可能是综合利用地上、地下空中的立体化空间区域。

旅游休闲街区业态丰富，餐饮、零售、商务、文创等服务功能齐全，是距居民或办公人员，即潜在的顾客，相对集中近便的商业、休闲、文化业态集聚区域，能够满足当地居民购物、餐饮、休闲娱乐等基本生活需求。

旅游休闲街区具有深厚的文化积淀并以此吸引游客。本地城乡居民高频次的购物、休闲和社会交往，为街区注入了历史文化和生活元素。街区不再是单纯的地理空间，也是承载城市生命和市民记忆的人文空间。国际知名的商业街区都有着浓厚的历史情结，记录了曾经的繁华和时尚，孕育着本地化生活方式。商业街区与市民的家居空间共同构成了市民文化的养成空间，对市民的生活方式和礼仪规范形成有重要的作用。

旅游休闲街区既可能是在城市更新过程中对历史形成的传统商业街区、历史文化街区进行现代化改造形成的，如北京南锣鼓巷与前门大街、成都宽窄巷子、上海南京路等，也可能是在城市更新改造大背景下新开发建设的各类商业、休闲设施，而且后者在我们现有旅游休闲商圈中占据很大比重，如北京蓝色港湾、三里屯太古里等。

旅游休闲街区可以是全步行街，也可以是半步行街，还可以是公交通行的步行街。全步行街即人车完全分离，在保证紧急消防、急救车辆通行外，禁止其他车辆进入；半步行街，如以时段管制汽车的进入，一般是既车行便利又有舒适优美人行道的商业街；而公交通行的步行街是只允许公共交通车辆进入，限制其他机动车辆通行的街区。

旅游休闲街区是承载社会文化活动的重要场所。案例显示，诸多社会文化活动，如艺术展览、音乐会、游行、庆典等形式多样的活动在街区举行，人们可以在轻松的环境气氛中享受人与人之间交往的乐趣。城市旅游休闲街区加强了人们的地域认同感，是城市的社会文化活动中心，也是城市的象征。

旅游休闲街区建设注重人性化的环境营造。大多数旅游休闲街区建设重视人和环境的关系，设置了诸多如绿地、彩色路面、街头雕塑、座椅等设施，增添了街区亲切宜人的氛围；同时注重在环境中突出传统和文化元素，即根据各地地理和气候的具体条件来确定休闲街区的形态，人们在休闲、购物的同时，也愿意在这里休憩和相互交往，享受优美的环境氛围。

可见无论是哪一种旅游休闲街区，共同的成功要素均包括以下几点：合理的商业业态、高质量的街道景观、安全的环境、吸引人的社会活动、有居住区或中央商务区强大的顾客群支持、完善的动静交通系统、丰富的城市文化和生活氛围等。

（二）多维视角下的旅游休闲街区

1. 空间维度：不囿于特定形态的地标空间[①]

自城市诞生的那天起，街区一直都是重要的公共空间和社会活动区域。在古代欧洲，中心广场和主要街道构成了城市形态的骨架。从古希腊的"Agora"，古罗马的"Forum"，到中世纪的"Plaza"，城市广场不仅是人民祭祀神灵、举行集会、欢庆节日的场所，也是批发、零售、交易服务等商业活动聚集地。随着欧洲对地标性空间的宗教、权威和纪念功能的强化，广场的商业机能开始退化，广场周边的居民区和公共空间开始承接外溢的商业功能，形成了早期的商业街。中国古代街区的商业功能和繁华象征也是极其明显的，《礼记·礼运》有

---

① 戴斌，李雪. 旅游休闲街区：繁荣的商业和共享的生活[R]. 旅游内参，2021-2-5.

言,"礼行于社,而百货可极焉";《管子·乘马》强调,"市者,货之准也,是故百货贱,则百利不得"。宋代名画《清明上河图》所描绘的就是典型的商业场景,千载以下仍然能够让人感受到其间难以抗拒的人间烟火。

与想象中刻板的"一条街道,两边商铺"线性布局的街区不同,无论是建成于1923年的世界上第一个现代商业街美国乡村俱乐部广场,还是英国的考文垂步行商业街区、法国的香榭丽舍大街,都是通过城市广场将商业街与城市文化中心联系起来,呈现出以广场为中心的放射状空间格局。1852年,法国商人亚里斯泰德·布西科(Aristide Boucicaut)在巴黎市中心建造了第一家百货商店,开启了商业空间由平面到立体的转型。随着城市土地和交通等条件的限制日益明显,城市开始建设地下步行商业街区。例如美国的"地下亚特兰大"和加拿大蒙特利尔地下城等。更多的街区如巴黎的香榭丽舍、纽约的第五大道、东京的银座等世界知名的商业街区都是立体的、开放的,更没有多少米长度、多少个出口的规划限制。这些街区不仅聚集了大量的人流、物流和信息流,在商业上取得巨大的成功,还形成了世界旅游城市亮丽的风景,每年吸引世界各地的游客前来购物、食宿、观光和休闲。

中国古代城市的空间布局起初沿袭的是《周礼·考工记》所载的古典"市"制。北宋仁宗时期,商品经济的繁荣冲破了"前朝后市"的桎梏,临街设店、行业街市和庙会集市等多种形态的商业空间得以充分发展。随着消费需求的增长和商业经济的繁荣,传统线形街道开始向"非"字形、"申"字形、"国"字形等空间组合形态转变,实现街区化发展。随着建筑工程和技术手段的进步,向上要空间的商超综合体开始走向立体化,如北京的王府井、三里屯、蓝色港湾,天津的五大道,上海的南京路,成都的春熙路,重庆的解放碑、洪崖洞,广州的天河路,在空间布局上也越来越趋于立体化和开放性。

纵观国内外街区的发展历史与实践经验,无论是狭长的线形空间、圆形的放射状区域、"申"字形和"国"字形的异构空间组合,还是综合利用地上、地面、地下的立体化空间区域,都有可能成为世界知名的商业街区,并吸引本地市民和外来游客的频繁到访。从全球范围来看,空间是封闭的,还是开放的;布局是线性的,中心放射状的,还是立体的,从来都不是知名街区的必要条件。只要承载了市民对美好生活的向往,聚集了商业、时尚和繁华,能够满足本地市民和外来游客共融共享的需要,就具备了旅游休闲街区的现实基础和发展为城市名片的潜质。

2. 功能维度：主客共享的美好生活新空间

在城市不断的更新改造过程中，旅游休闲街区已成为一座城市的名片与象征，承载着商业、旅游、文化休闲等功能，直接反映城市的经济活力与文化环境氛围。

（1）旅游休闲街区是繁荣城市经济的商业载体

无论是传统历史文化街区，还是新建的现代商圈、文化创意街区，都离不开"商业"二字，商业开发与经营的成功与否直接关系着街区的存亡。因此，各类休闲街区最为倚重的就是商业氛围的营造与商机的把握，即通过优越的地理位置、完善的软硬件等来吸引商家，尤其是知名品牌的进驻；通过营造舒适、时尚、具有文化特色的购物、娱乐、休闲环境来聚集人气，实现商业利益的增加。一个成功的休闲街区一定承载了数量庞大的商贸活动，在城市或区域第三产业发展中占有较大比重，是繁荣经济的载体。休闲街区不仅能够创造巨大的商业价值，而且还能通过拉动所在区域的人气与土地价值，进而辐射周边地块的发展。

（2）旅游休闲街区是传承历史与地域文化的载体

休闲街区作为城市生活的亮点，浓缩了城市的历史与文化，记录着城市的繁华和时尚，代表了民族的传统和个性。如美国纽约的第五大道，除了是购物的天堂，是世界上首屈一指的商业街区外，还吸引了众多纽约的作家、画家、演员、艺术家住在这里，而且这里也是剧院和博物馆、艺术馆雅集之处，是文化云集和张扬之处。从凯旋门一直延伸到协和广场的香榭丽舍大街，是整个法国艺术的精华所在地，是巴黎的象征和标志。莫斯科的阿尔巴特大街历史悠久，目前是著名的商业步行街之一，其街头艺术家成为吸引行人的重要亮点。

商业与文化的有机结合是现代所有成功的城市休闲街区的重要特点。城市旅游休闲街区是保护城市古建筑遗产、保护传统城市空间景观特征的重要途径，其建设意义不仅在于商业街区、商业中心本身，更大程度上是在改善城市环境、保护城市历史文化风貌特色以及提高城市中心商业活力的总体架构下的合理选择。

（3）旅游休闲街区是城市生活的重要载体

街区是城市生活的基本单元，为居住在城市的人们提供公共交往空间。旅游休闲街区能够给所有人提供热闹、繁华、轻松、悠闲、激动、怀旧等不同的生活感受。人们在这里不仅能够购物，而且在休闲、观光、娱乐、餐饮、美容、健身等方面也可以得到充分的满足。

（4）旅游休闲街区为城市旅游高质量发展注入了新动能

旅游休闲街区的发展不仅获得了商业的繁荣，而且能够很好地促进当地旅游业的发展，形成商旅互动、商旅共赢的良好局面。目前，全国已涌现出一批承载悠久历史、彰显现代时尚与繁荣的知名街区，如北京的南锣鼓巷、上海的南京路、重庆的解放碑、成都的宽窄巷子、广州的天河路、哈尔滨的中央大街等。这些街区已成为现代都市重要的休闲、购物、旅游地。2019年，宽窄巷子游客量达4163.7万人次，实现营业总额12.11亿元；被誉为"中华商业第一街"的南京路游客量突破2亿人次，成为上海最繁华的商业街；重庆解放碑吸引游客量逾1.6亿人次，带动区域社会消费品零售总额突破800亿元。据中国旅游研究院《2020中国夜间经济发展报告》专项研究，城市夜生活体验已成为游客和市民休闲旅游的首选。2019年，西安大唐不夜城围绕"盛唐文化"进行夜游升级，实现游客接待量1.01亿人次，成为夜游西安新地标。总体上看，旅游休闲街区作为城市最具活力的街区组织，对于重塑城市休闲内容、引领业态创新、优化休闲空间结构等方面具有重要作用，已成为推动城市旅游休闲产业迈向高质量发展的新生力量。

3. 形象维度：有温度可感知的人文空间

（1）基于访客视角的街区形象感知要素

本报告选取北京南锣鼓巷、三里屯、蓝色港湾商圈，成都宽窄巷子，上海南京路，广州天河路，重庆解放碑，武汉江汉路，西安回民街，哈尔滨中央大街10个知名街区、商圈，以它们作为案例，用各街区关键词在马蜂窝旅游网站上搜索相关游记，以游记作为数据样本，借助文本分析方法，总结、分析各街区访客的关注点及他们对旅游休闲街区的形象感知要素。

访客对于不同街区的关注点，既有共同之处，又因街区特色不同而有所差异（见图5-1）。如南锣鼓巷游记分析表明，胡同、王府、故居、小吃、历史、建筑等是访客较为关注的；宽窄巷子游记分析结果显示，文化、特色、街道、历史、院落、火锅等是访客的主要认知元素；北京蓝色港湾分析显示，灯光、夜景、美食、餐厅、品牌等是吸引力所在；北京三里屯则以酒吧、餐厅、品牌、时尚等元素为主；上海南京路所呈现的百货、老字号商店、月饼、历史等元素是访客印象最为深刻的；武汉江汉路的建筑、风格、银行、商业、历史等是访客较为喜欢的；广州天河路的广场、时尚、美食等是吸引访客前往的重要元素；

五、旅游休闲街区：国民休闲的活跃区域
Part 5　Tourist Leisure Blocks in the People's Heart

哈尔滨中央大街的建筑、马迭尔冰棍、艺术、教堂等是访客较为关注的；西安回民街，美食、小吃、牛羊肉、鼓楼、历史等是驱动访客心向往之的重要元素；重庆解放碑的酒店、纪念碑、火锅、夜景则是其为访客耳熟能详的重要基因。

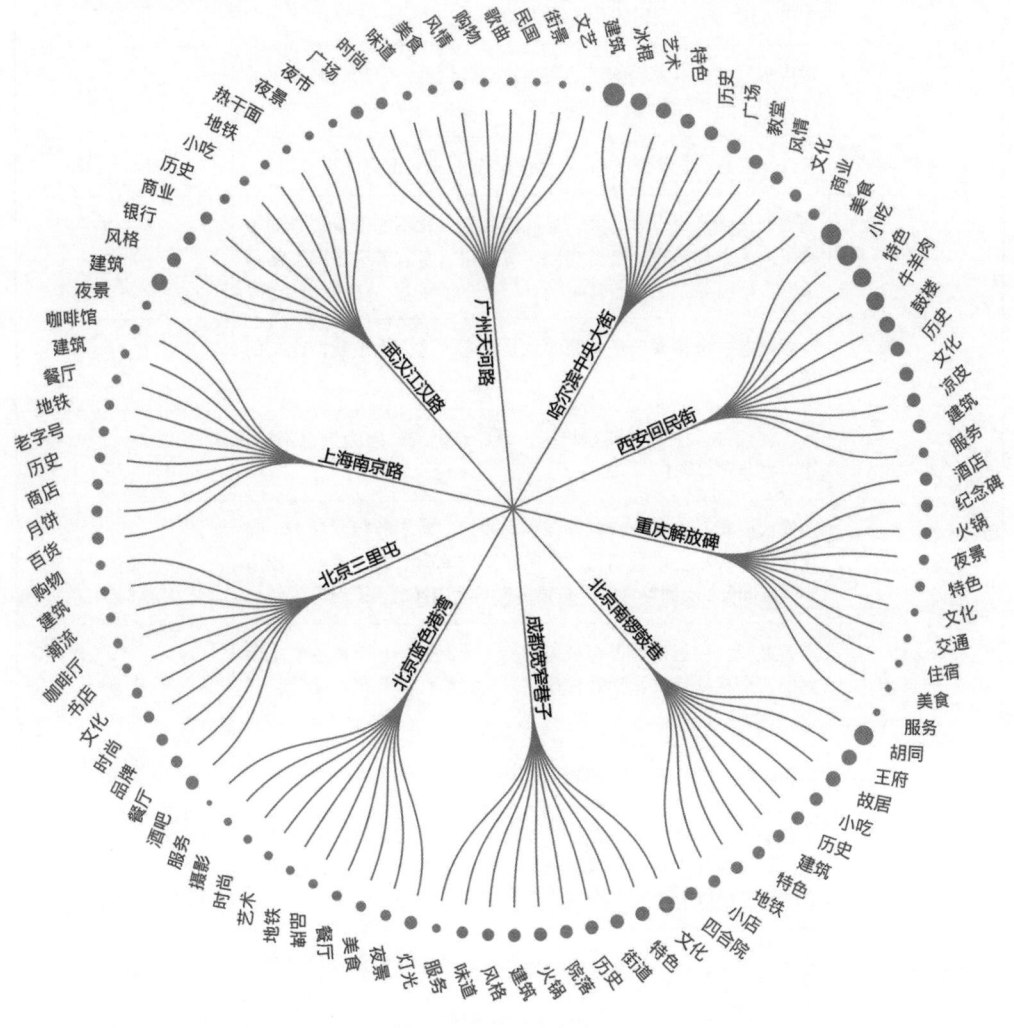

图 5-1　访客十大关注点

根据访客对每个街区的关注点及其对应文本内容（见表 5-1），将访客视角下最能反映旅游休闲街区形象的要素归纳为：文化、美食、建筑、历史、交通、购物、娱乐、住宿、环境、服务 10 个方面（见图 5-2）。

表 5-1 访客关注点及对应文本内容示例

关注点	文本案例	感知要素
冰棍	哈尔滨中央大街：这个冬天，和我们一起去哈尔滨，逛最美的中央大街、吃最正宗的马迭尔老冰棍！	美食、文化
火锅	重庆解放碑：这家火锅店是我去过最特别的一家店，名字也非常特别——"巴九门火锅博物馆"。	美食、文化
热干面	武汉江汉路：吃臭豆腐和热干面的老店，据传都有几百年历史。	美食、文化
牛羊肉	西安回民街：民以食为天，提起回民街，就不能不说说她的美食了。牛羊肉泡馍、红柳烤肉、灌汤包、水盆羊肉、肉丸胡辣汤、小酥肉等。	美食
小吃	南锣鼓巷：南锣鼓巷最不缺的就是小吃，这太满足我们吃货的愿望了！	美食
小吃	武汉江汉路：来江汉路步行街，最好晚上来，因为景色不错，小吃也非常多哟！	美食
小吃	西安回民街：这里的特色美食小吃遍地，数不胜数。从街头到街尾，各种小吃琳琅满目，像肉夹馍，羊肉泡馍，凉皮，饺子宴，biangbiang 面等食品，是很多人耳熟能详的西安名吃。	美食
特色	南锣鼓巷：白天南锣古巷是美食街，主街上，北京特色的文宇奶酪，全聚德烤鸭，稻香村糕点，京红炸糕，北京水爆肚，都可以找到。	美食
特色	南锣鼓巷：想了想还是胡同比较有特色。	建筑
特色	哈尔滨中央大街：漫步在百年老街上看看俄式建筑，但欧陆异域风情不仅体现在建筑风格上，在生活习俗与情调上，也留下了很多异域风情特色。	建筑、文化、历史
特色	西安回民街：回民街本身不长，但与其交叉的小巷子共同组成了回民街的特色风情。	建筑
特色	重庆解放碑：码头文化是其特色。作为最早、最便利的码头集散地，这里历史人文景点最集中。	文化、历史、建筑
百货	上海南京路：南京路上的商场是真的很多，没必要都逛，最推荐的就是"新世界大丸百货"。	购物
夜景	北京蓝色港湾：作为一个常年混迹帝都的人来说，真心感觉平时的蓝色港湾夜景也是超美的！	环境

续表

关注点	文本案例	感知要素
夜景	重庆解放碑：其实夜景更好看，晚上的时候加上灯光的渲染，就像是夜城一样美极了。	环境
	武汉江汉路：武汉的潮男潮女们一到晚上，就会向江汉路聚集，逛街，吃小吃，聚会，或是在江滩欣赏美丽的武汉夜景。	环境
	上海南京路：白天不错，不过夜景也美，一线城市的建设水平彰显得淋漓尽致。	环境
时尚	北京三里屯：虽然时尚、潮流、奢侈品、购物……这些词汇基本与我绝缘，但我还是想看看太古里到底是什么样子，或者说，看看我自己到底有多土。	环境
	广州天河路：周日随孩子们去逛时尚天河，顿时感觉自己"穿越"了时光，就好像到了一个民国风情街——"夜上海"街景，以及旧时岭南风情"寻马街"。	环境
四合院	成都宽窄巷子：四合院的沉静与书香相互浸润，让人难以拒绝。	建筑、历史、文化
	北京南锣鼓巷：和很多人一样，来到北京，让我们感兴趣的往往不是那些鳞次栉比的高楼大厦、宽阔笔直的柏油马路，而是那曲折幽深的小小胡同、古雅温馨的四合院。这条古巷中的小胡同使其既保留了老北京四合院的神韵，又融入了江南民居元素，而且非常适合现代人居住。	建筑、文化
地铁	北京南锣鼓巷：乘坐地铁是最方便的，南锣鼓巷在地铁 6 号线和 8 号线上。	交通
酒吧	北京三里屯：说起三里屯，人们的第一反应就是酒吧；这次来北京学习，报到结束后就迫不及待地跑来三里屯了。	娱乐
摄影	北京蓝色港湾：这里是摄影爱好者聚集地，四处都能看到好多人扛着沉重的镜头和三脚架在这里拍摄美女模特。蓝色港湾白天也是摄影人像写真的好地方，欧式的感觉很美。	娱乐
灯光	北京蓝色港湾：还记得三年前的平安夜去蓝色港湾，夜色璀璨绚丽，上亿个彩灯、万串灯链组成十万多平方米的灯光乐园，走在满天星星般的灯光瀑布下，会让你有一种梦境般的感觉。	环境
品牌	北京三里屯：来到三里屯太古里，就准备随时开启一场富有艺术气息的购物之旅。哈哈哈，太古里就是一堆奢侈品牌聚集地，贵 & 有货是它们的特色。	购物

续表

关注点	文本案例	感知要素
品牌	北京蓝色港湾：这里拥有精雕细琢的水景、花团锦簇的空中花园以及由300多棵树木构成的SOLANA品牌森林，是都市水泥森林中的一处稀有风景。	购物
商业	武汉江汉路：走在热闹的江汉路步行街，不仅领略了世界优美的建筑艺术，也充分体验了这里的商业氛围。	购物
商场	哈尔滨中央大街：沿着中央大街大门向里走，两旁都是商场和小店。比如红肠，马迭尔雪糕，俄罗斯大列巴面包，巧克力，比纳小吃，糖葫芦，俄式面包，各种工艺品，套娃，等等，商品琳琅满目。还有多家西餐厅，又有大型商场。	购物
胡同	北京南锣鼓巷：每座城市，都有一条能代表自身城市文化的特色商业街（区）。对于北京来说，就是能代表胡同文化的南锣鼓巷了。	建筑、文化、历史
老字号	上海南京路：人们感受着这里历史文化的氛围，从一个个老字号店铺里透出一个个历史的影像，上海的新旧对比在这里是最有说服力的。	购物、历史、文化
交通	重庆解放碑：重庆很大，可以落脚的地方很多，但每每我总是钟情于解放碑。因为这里最有历史感、景点集中、交通便利，住宿方便，烟火味最浓，当然这里也最养眼。	交通
酒店	重庆解放碑：我所住的酒店安装了一些智能家居设备，当我开门时，音箱会自动启动，窗帘也会自动打开。重庆酒店的紧俏出乎意外！	住宿
教堂	哈尔滨中央大街：晚上我先来到了索菲亚大教堂，很漂亮！路上我看到有卖糖葫芦的，这里真的是万物皆可做成冰糖葫芦。	建筑
服务	成都宽窄巷子：服务好好，难怪人气这么高！进门的老成都糕点很赞，试吃、价格也ok，而且服务很好，人也超级多。	服务
服务	重庆解放碑：服务很好（特别是那个戴眼镜的妹妹，特别热情，还给介绍火锅锅底的缘由）；川耳匠非遗采耳体验馆，服务人员态度热情，技师手法很专业。	服务
文化	成都宽窄巷子：将北方胡同文化与川西四合院文化有机结合，最终成为老成都生活样态的活化区。	文化
文化	北京三里屯：除众多品牌旗舰店之外，这里还有许多富有创意的前沿设计师门店，及文化艺术盛事不断的橙色大厅和红馆。	文化

五、旅游休闲街区：国民休闲的活跃区域

Part 5 Tourist Leisure Blocks in the People's Heart

续表

关注点	文本案例	感知要素
文化	哈尔滨中央大街：哈尔滨中央大街步行街的地位好比北京的王府井大街、上海的南京路、天津的和平路，但相比之下承载了更多的文化内涵、历史积淀以及冰城风情。	文化
	西安回民街：它以浓郁的穆斯林文化和氛围，为古城构筑了一道特异的风景线；西安回民街是西安著名的美食文化街区，呈现出多元化的文化氛围，具有独特的历史与文化价值。	文化
	重庆解放碑：解放碑记录着重庆的历史与文化，支撑着重庆的过去和未来，如今的解放碑已是中央商务区的代名词，是重庆核心的城市名片，是重庆十大文化符号之一。	历史、文化
艺术	北京蓝色港湾：无论是艺术装置水平还是科技创新程度，蓝色港湾灯光节都已成为可以与澳大利亚悉尼灯光节、法国里昂灯光节、荷兰阿姆斯特丹灯光节等国际知名艺术节齐名的艺术盛典。	文化
建筑	成都宽窄巷子：宽窄巷子是老成都"千年少城"城市格局和百年原真建筑格局的最后遗存，也是北方胡同文化和建筑风格在南方的"孤本"。	文化、建筑、历史
	北京南锣鼓巷：和很多人一样，来到北京，让我们感兴趣的往往不是那些鳞次栉比的高楼大厦、宽阔笔直的柏油马路，而是那曲折幽深的小小胡同、古雅温馨的四合院。这才是北京传统住宅建筑的名片，也是最具民俗风情的文化符号。	建筑、文化、历史
	上海南京路：夜晚的南京路在各种霓虹灯的映衬下，各具特色的建筑更显得美轮美奂，热闹非凡。夜幕降临，华灯溢彩，霓虹闪烁中各类建筑越发美丽迷人。	建筑、文化、历史
	武汉江汉路：在商业氛围弥漫的步行街上保留着这样的历史性建筑，难能可贵，属于首次来江汉路必打卡的地方了。我完全被街道两旁一座座高大气派的欧式建筑震撼了，这些密集的商业建筑保留得非常完好。	建筑、文化、历史
	哈尔滨中央大街：中央大街是一座开放式的欧式建筑博物馆，座座建筑风格迥异，座座建筑充斥着异国情调。桌椅、餐车、座位牌号……中东铁路的历史、俄式建筑又跃然墙面。	建筑、文化、历史
	西安回民街：这里的清真大寺建筑宏伟，牌楼斗角精美绝伦。	建筑、文化、历史
风情	哈尔滨中央大街：大街和两边的小街上增加了几尊雕塑，也是异国风格的。整条大街变得更漂亮了，充满了浓浓的俄罗斯风情。这条街随处可见俄罗斯的风情融合在里面，建筑、商铺、美食和纪念品等等，不一而足。	文化

93

续表

关注点	文本案例	感知要素
风情	广州天河路：走出民国风情"夜上海"街区，便是岭南风情"寻马街"了。寻马街，是依照岭南风情打造的，有一种返古的情韵……	文化
……	……	……
……	……	……

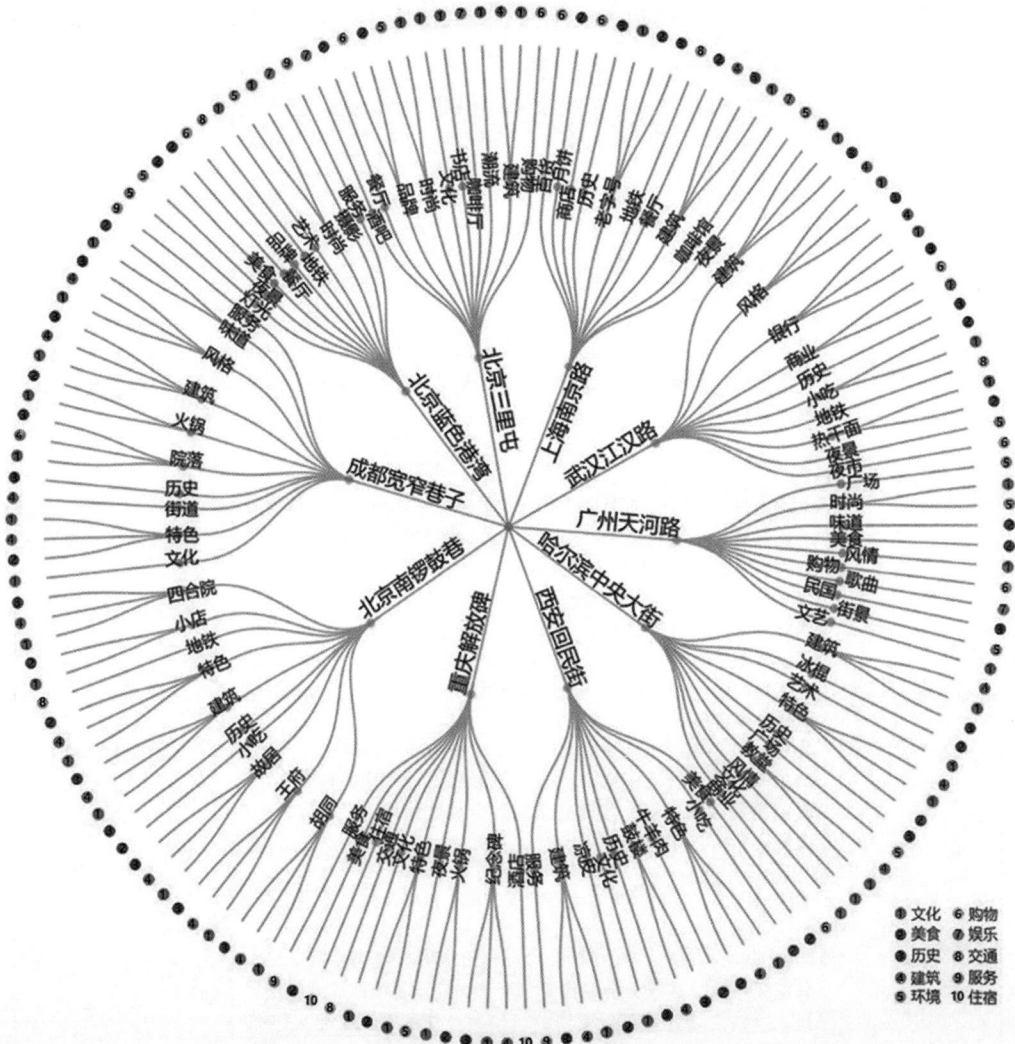

图 5-2　访客视角下旅游休闲街区形象感知要素

由图5-2可以看出，文化、美食、历史、建筑是访客对旅游休闲街区感知度最强的要素，尤其是文化与美食，在10个街区游记中均有体现，而历史是除北京蓝色港湾、三里屯以外，其余8个街区游记都反映出来的感知要素。环境、购物、娱乐、服务、交通、住宿也是访客对旅游休闲街区的重要感知要素。其中，北京蓝色港湾、三里屯，上海南京路，武汉江汉路，广州天河路，哈尔滨中央大街、重庆解放碑等街区游记均不同程度地记录了访客对街区环境的形象感知；成都宽窄巷子、北京蓝色港湾、西安回民街、重庆解放碑等街区游记均充分显示了服务态度、水平对访客感知的重要影响；购物环境、品类、质量，娱乐项目丰富度、交通便利程度、住宿水平等要素是街区满足访客基本旅游、休闲需求的基础性要素。从对应的文本内容来看，这些要素无一不承载着历史的记忆、厚重的文化与城市的温度，吸引着人们去感受和探寻。

（2）基于社区居民、企业与政府部门视角的总结

对北京南锣鼓巷等街区的当地居民、企业与政府部门进行了访谈后，总结得出不同主体对成熟、完善的旅游休闲街区的认知。

从居民视角来看，旅游休闲街区应发挥亲民、近民、便民、富民的作用。居民希望旅游休闲街区建设能够改善街区绿化、景观等周边环境，增加休闲及生活服务设施，提高街区及社区周边交通便利性，能够给社区居民生活带来便利；居民希望能够获取一定的就业机会，积极参与街区创建以及街区日常工作；居民希望能够参与街区的一些文化节庆活动，增强街区与社区居民的交流与良好互动。

从企业视角来看，旅游休闲街区应具备优越的营商环境，应靠近居民居住区、商务中心或金融中心，具有巨大的访客市场群体，应具备丰富的多元经营业态，以满足不同消费群体的消费、社交、娱乐等服务需求。

从政府视角出发，旅游休闲街区应能够发挥至少4方面作用，即代表城市品牌与城市印象、带动区域经济发展、承载城市多元文化以及推动和谐社区构建。

4. 基于多维视角的旅游休闲街区

通过空间、功能、形象等多维视角解构，下面以图展示深受游客和当地居民喜爱的知名旅游休闲街区应具备的基本元素与特征（见图5-3）。

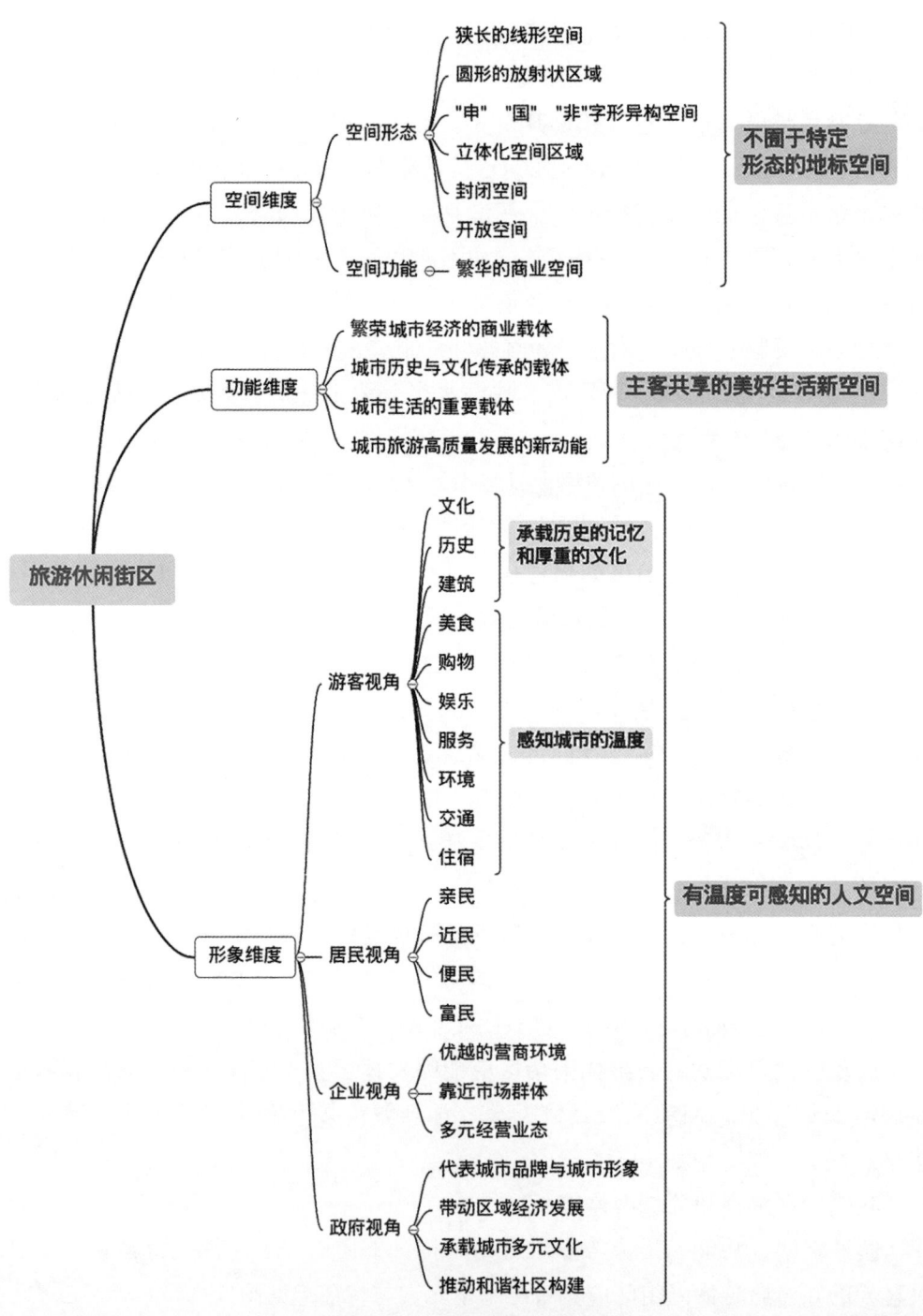

图 5-3 国民心中的旅游休闲街区

（三）需求导向的旅游休闲街区建设方向

1. 旅游休闲街区建设要注重文化内涵的挖掘

旅游休闲街区要挖掘传统文化，彰显本地文化自信并形成可视可触可感的生活环境与街区氛围。特色文化的挖掘不只是简单地把文物展陈给游客看，把非遗作品销售给游客，也不是简单地把游客带进文化空间这么表象。文化是无时不在、无处不在的，它广泛融入街区发展的各个空间、各个环节和各个建筑小品，与高素质的员工和市场共同构成了可以分享的文明、可以触摸的温暖。在旅游休闲街区建设过程中，应从街区现有资源出发，立足街区发展定位，充分把握街区最凸显的特色，通过街区整体文化与气质的提升，实现街区商贸、旅游、文化有机结合，达到多元文化互生共存的和谐局面。

旅游休闲街区要有意识地形成本地可以识别的商业文化，形成市民愿意消费的商业氛围。旅游休闲街区可以指向历史文化街区，更可以指向未来，包括现代化都市的时尚商圈。因此，无论是传统的综合性商业街区、历史文化街区，还是全新打造的特色主题街区、文化创意街区，只要同时承载经济社会发展和传承历史、繁荣文化功能，都可能发展成深受游客和当地居民喜爱的知名旅游休闲街区。

2. 旅游休闲街区建设要重点构建多元融合的产品供给体系

鼓励地方政府细致梳理街区文化与历史发展脉络，挖掘、提炼街区文化的独特价值，夯实文化引领街区发展的内在支撑；以特色文化为主线，推进文化、科技、旅游、休闲的创新融合，丰富产品供给，构建主客共享的多元化旅游休闲供给体系，培育壮大街区发展的新动能；在满足本地居民居住、生活与休闲服务功能的基础上，积极引导旅游休闲街区构建多元化、多层次的传播平台，形成特有的文化品牌体系；通过文旅融合、产城融合、街城融合，拓展旅游休闲消费空间，延长游客在街区、城市的停留时间，发挥街区对城市旅游提质升级的带动作用。

3. 旅游休闲街区建设要以主客共享理念为指引，完善旅游休闲服务与配套设施

从世界各地知名街区发展经验来看，那些能够让本地居民感受幸福，也能够让外来游客多次到访的城市旅游休闲街区，一定具有功能完善的物质基础和追求品质的生活态度。旅游休闲街区不能只有传统的生活空间，还要植入当代生活方式、现代商业业态和产业服务。这就需要积极引进满足游客与市民多元化需求的知名品牌和新兴业态，提升街区整体服务品质，营造城乡居民流连忘返的高品质生活场景，实现旅游休闲街区的持续繁荣。

商业接待体系的完善性和公共服务的便利性，是本地居民和外来游客共同的基本需求。旅游休闲街区不仅要有完善的旅游基础设施和优越的商业环境，更要营造便利的公共服务体系和现代化的治理生态。因此，以主客共享理念为指引，将外地游客的休闲需求增量叠加到本地居民的需求存量之上，统筹规划交通、餐饮、文化、娱乐、购物等商业接待体系和问询以及公共厕所查找、投诉救援、应急管理等公共服务体系，提升服务的便利性与高效性，是旅游休闲街区建设的前提和关键。引导、支持街区营造优越的商业环境、高品质的生活环境和现代化的治理生态，提升服务品质，形成整体休闲氛围的安全、秩序和品质感，营造一个可亲近、可感受、可触摸的休闲空间。只有让游客和居民感受到触手可及的温暖，才能实现旅游休闲街区建设的根本宗旨。

4. 旅游休闲街区建设要注重品质建设和品牌培育

旅游休闲街区在建设过程中应突出强调品质建设，通过诚信经营、优质服务、优良环境、品牌建设等环节塑造街区完美品质，提升街区形象，将其打造成城市旅游休闲的风向标。其中，诚信经营是品质核心。各旅游休闲街区管委会，应协同工商、质监等有关部门构建诚信体系，为消费者提供值得信赖的消费场所。同时，应加强对街区从业人员的培训，提升从业人员营业素质，改善从业人员的服务技能和服务态度，并建立完善的售后服务体系，为街区服务和商品品质提升创造条件。另外，应保证能够提供安全、卫生的优良环境。

品牌建设是旅游休闲街区建设过程中的重要战略。街区品牌不仅象征着一个街区的综合实力，还能带动周边区域的发展。旅游休闲街区建设应树立品牌意识，培育品牌成长，推广品牌发展，力争经过市场运作和精心培育，逐渐实现品牌化发展战略。

六、为了更高品质的国民休闲

（一）优化休闲消费环境，释放休闲消费需求潜能

当前我国已经进入新发展阶段，国民休闲需求不断增强，良好的休闲消费环境是国民大众进行休闲消费的保障。

1. 优化休闲消费环境

要不断优化休闲消费环境，为实现经济社会高质量发展提供强大动力和内在支撑。拓展休闲服务空间，以社区为依托重塑社区与休闲为一体的社区休闲空间，对于实现人们的休闲权利，满足社区居民的休闲需求具有积极有益的保障作用。同时，推进休闲服务网络化和数字化建设，更好地为社会成员提供休闲服务，使人们公平享受休闲文化生活，切实提升人民的获得感和尊严感。

要不断优化休闲生态环境，确保国民休闲质量和身体健康。秉承可持续开发的理念开展各类休闲生态游，以休闲生态产业提升乡村生态宜居。要以绿色消费推动城市生态环境治理，提高绿色休闲产品和服务供给，引导绿色消费需求，从供给和需求两侧改善消费生态环境。

2. 完善休闲消费软硬环境建设

加强基础设施建设，提高休闲消费硬环境。在万物互联时代，国民休闲消费离不开新型基础设施建设，加强新基建可赋能传统基础设施建设，优化国民消费硬件环境。因此，要利用5G、大数据、人工智能等信息技术建设智能化、信息化和现代化的综合交通运输体系，加快制造商和市场销售向下沉市场发展，优化消费硬件环境。此外，要因地制宜，根据实际居民生活和消费的需求构建相应的新型基础设施。

提升城市治理能力和服务建设水平，优化消费软环境。打造放心适宜的休

闲消费软环境是保持国民消费热情的必要条件之一。要营造诚信氛围，完善消费领域信用体系，打造放心适宜的消费环境。要完善对消费领域的信息采集工作，提升信息的公开透明和对等性，加强国民对休闲产业的信心。要完善守信激励和失信惩戒机制，加大对销售假冒伪劣产品行为的打击力度，营造安全放心的消费环境。

3. 完善休闲消费体制机制，促进国民休闲良性发展

引导树立正确消费观念，释放休闲消费需求。社会经济与休闲消费密切相关，须以多种途径对我国民众进行休闲消费引导。要重视大众文化消费引领的重要性，树立强化消费的主流意识，突显精神文明的影响，为群众树立正确的娱乐消费向导。

加强政府宏观调控，完善休闲市场监督体系。通过颁布相关法律和出台相关政策，规范休闲场所、项目和设施的建设和运营，使休闲产业中的企业和人员在各方面有法可依，建立科学、完善、高效的管理体制。要定期检查休闲消费场所，确保没有违法违规行为，净化休闲消费环境。

（二）引导国民休闲观念，提升国民休闲能力

休闲消费观念决定休闲消费行为。为提高国民整体休闲质量，要从休闲主体出发，培育现代休闲观念，明确国民旅游休闲时间，提高居民休闲主动性。要培养居民的高品质休闲技能，丰富居民休闲活动内容。

1. 强化休闲教育，更新国民休闲观念

高度重视国民休闲，正确认识休闲价值。休闲经济是一种生活经济，可以通过休闲生活反哺工作，加强工作效率。要破除对休闲的误解和偏见，要从落实以人民为中心的发展思想、改善人民生活品质、增进人民福祉的高度，通过保障国民休闲时间、提高人民群众生活品质、促进人的高质量发展来实现经济社会发展的良性循环。

加强休闲理论教育，树立正确休闲观念。要加强休闲教育，提高消费者的休闲素质，培养其休闲能力，使消费者能够根据自己的经济能力和实际需求科学合理地休闲消费，减少盲目性、攀比性消费，树立正确、理性、健康的休闲消费观念，为建立完善的休闲制度体系、保障休闲制度在基层的落实、优化休闲经济发展环境奠定坚实的思想基础。

培育和创新休闲观念，促进城乡居民休闲消费。国家和相关企业应大力倡导可持续的休闲消费活动，开展全民休闲教育活动，帮助民众摒弃传统的休闲消费观念，树立新的、可持续的消费观念，以此促进城乡群众的休闲消费。同时要破解休闲产业发展的文化制约，免费进行休闲知识普及，促使大众真正接触到休闲文化，认识休闲文化，构建科学的休闲价值观念，进而选择有利于自身健康发展的休闲活动。

2. 加强休闲技能教育，提升国民休闲能力

休闲技能是国民在科学规划闲暇时间、正确利用休闲设施等方面的综合能力。培育休闲技能能够帮助国民充分有效地使用休闲资源，体验高质量的休闲活动。政府部门与社会有关团体要加大支持力度，增加国民对此的关注度，采用多种方式来帮助民众系统提升休闲技能。休闲选择能力与休闲鉴赏能力等能够帮助休闲主体选择适合自身的休闲活动，从而实现自我的发展。可通过加强休闲理论教育与休闲技能培养，引导人们逐渐树立科学的休闲价值观，选择积极健康的休闲活动，并在活动中不断提升自我的休闲素质。

（三）优化休闲产品与服务供给，满足国民休闲需求

推进休闲产业供给侧改革是优化休闲产业供给结构、全面提升休闲供给水平、促进休闲消费发展的必由之路。

1. 完善休闲供需配套服务，满足主体多元需求

实行带薪休假制度，促进国民休闲方式自主化、多样化，休闲时间分散化。要完善假日旅游协调机制，推动假日旅游常态化发展，要完善城市旅游、休闲服务功能，积极引导和组织旅游休闲企业推出适宜的产品。

融合传统文化与现代科技，构筑休闲文化元素。要挖掘优秀休闲资源，有效融合现代科技与传统文化，使现代科技为传统文化提供新的活力，从而使传统文化得以进一步发展，最终成为优秀的休闲文化资源。发挥在线平台功能，通过在线媒体进行资源推介，扩大传统文化传播范围，满足民众文化休闲需求。

完善休闲街区建设，助力旅游休闲高质量发展。随着大众旅游时代到来，我国休闲产业快速发展，城市旅游休闲街区逐步兴起，历史文化、人文风情成为休闲消费的重要内容。城市街区直观地体现着一座城市的个性、特色。建设旅游休闲街区，是丰富优质旅游产品供给、满足大众旅游多层次需求的重要抓

手,也是推动旅游业供给侧结构性改革、实现旅游业高质量发展的重要着力点。因此,要充分发掘和展示历史底蕴、文化内涵,切实提高旅游休闲街区建设、管理、服务水平,努力打造主客共享的优质旅游休闲产品。

加强城乡规划与建设,满足多样化、多层次休闲需求。要高度重视国民的休闲问题,鼓励支持休闲产业发展,加大设施开发力度,完善各地公共设施建设,满足公民多样化、多层次的幸福生活所需,加快创新休闲服务方式,有效提高休闲服务质量。各级政府应当积极组织举办休闲活动,引导群众参与休闲活动,满足其日常休闲需要。

2. 驱动产业转型升级,优化休闲产业供给结构

充分了解市场需求,提升休闲产品供给多样性。伴随着国民休闲多元化、线上化、沉浸式的消费需求,休闲产品的供给方应该充分了解市场新需求,推动产业进行转型升级。对于整体行业而言,要持续深化行业改革、不断加强国际交流,积极推动国民休闲活动的开展,提高人民群众幸福感,引导国民建立积极健康的休闲生活方式。要在考虑大众需求的基础上,以需定产,调整结构,提供时令化、全年候的休闲产品,提升休闲服务供给的多样性。

采用文化融入与科技植入的双轮驱动模式,助力休闲产品提质升级。除了要开发普适性休闲项目外,还要考虑到不同人群的休闲需求,因此要探索文化休闲新模式,注重增强文化多样性和文化交流,强化包容性对创新的带动作用。要为不同城市打造不一样的文化休闲产品,提高休闲服务质量,使居民的文化生活更加丰富多彩。要关注真正有益于人类社会发展的休闲文化产业,将休闲文化产业的价值由扩大内需、刺激消费转为满足人的精神需要、促进人的全面发展。

促进休闲产业内外部融合发展。以发展新业态、打造新模式等方式促进休闲产业与现代服务制造业等的融合,催生新产品,满足新的消费需求。数字赋能休闲产业融合发展,大力发展互联网休闲产业,使得产业间相互渗透、跨界融合,推动产业结构的升级。要通过改革完善市场机制,提升市场开放度,加强产业间合作,加速产业融合,提供更高水平、差异化的休闲产品与服务,满足居民更高层次的休闲需求,促进产业结构升级。

驱动产业转型升级,优化休闲产业结构。要进一步完善休闲产业链,调整和优化产业结构。完善与休闲相关的娱乐、表演、旅游、传媒等产业链条,以适应未来产业融合发展需求。要创新经营模式,培育可持续发展的、绿色的休闲产业形态，根据地方特色开发具有地方适应性的休闲项目和产品，着力塑造知名品牌。要推动上、中、下游产业的相互结合，并促进其延伸和发展。

增加中低收入水平人群的休闲供给，重点发展大众休闲产品。休闲产业的定位要立足于大众休闲需求的满足，综合各类数据，研发更多针对中低收入水平人群的休闲产品，同时可以通过研发部分高端休闲产品来满足高收入水平群体的休闲需求，以此实现不同阶段人群的需求，实现大众休闲供给多样化。

3. 健全休闲项目开发保障措施

增强法律制度规范，保障休闲项目开发。要从实际角度出发，完善相应的法律体系，为休闲项目开发出台更为全面的保障措施，为休闲产业的开展奠定坚实的制度保障。同时要指导休闲旅游打造特色休闲活动，创造具有本地特色的休闲文化，充分考虑民众意愿，激发民众参与休闲活动的自觉性与积极性。

加强休闲市场监管，保障休闲品质。通过强化市场监管、维护市场秩序、优化消费环境，引导休闲消费以及休闲市场管理，稳定民众休闲消费预期。不断改善休闲服务，加快公共休闲设施建设，鼓励休闲设施与住宅、文化、商业、娱乐等综合开发，打造休闲服务综合体。要制定各项城市休闲发展的政策、措施，发展休闲经济，引导休闲消费，加强休闲市场监管，提高群众休闲生活质量，满足人民日益增长的美好生活需要。

4. 丰富资源供给，强化休闲专业人才培养

丰富资源供给，强化休闲专业人才培养。人才的专业性会影响休闲产品质量甚至是休闲产业的发展，因此，应根据各区域不同情况进行资源分配，大力培养休闲产业急需的复合型、专业性人才。要通过各种形式和渠道快速推进复合型专业休闲人才的培养，为休闲产业的发展提供有力的人才支撑。应尝试与科研院所、培训机构等共同建立有关休闲人才培养的机制，来帮助各地区进行休闲专业人才的培训，旨在丰富他们的休闲专业知识，发展他们的休闲服务与管理能力，培养他们的良好职业道德修养，进而满足社会对高技能与高素质休闲专业人才的需求。

加强创新人才培养，完善休闲服务。休闲产业发展要采取多种策略吸引人才，并且要不断地培养优秀人才。特别是在服务行业，需要引入一批高素质的管理人员，统筹安排各项休闲活动，以便为群众提供良好、合理的活动安排。要加强创新人才培养，重点加强培养人员的创新意识和创新能力，培养造就一大批熟悉市场运作、具备科技背景的创新创业人才，不断完善休闲服务内容，提高休闲服务品质。

（四）构建国民休闲发展的制度保障体系

构建国民休闲发展的制度保障体系，把大力发展休闲经济作为落实以人民为中心的发展思想、贯彻新发展理念、构建新发展格局的重要着力点和突破口，不断提高发展质量和效益，着力打造休闲社会。

1. 加强休闲伦理建设，构建休闲共享的价值规范体系

休闲表达了人们对美好生活需要的价值期待，休闲共享的当代建构成为满足人民日益增长的美好生活需要的伦理话语与时代诉求。休闲共享的当代建构是一个涉及休闲价值观、休闲制度和休闲政策及其社会支持系统等多重要素的系统化工程。因此，要加强休闲伦理建设，实现对人的物质需要和精神追求的引导和规范，推动人的自我创造并促进人的自由发展。

建设休闲伦理，构筑休闲共享理念的道德力量。要探索社会主义核心价值观融入休闲伦理建设的实现路径，为国民休闲文化生活提供基本的道德原则；要将社会主义核心价值观融入休闲伦理建设，构建面向国民日常生活并具有道德批判的文明休闲方式，培养公民个体休闲道德自律意识，从而在生活实践和价值理念的双重维度上提升休闲伦理的价值引领和价值支撑实效性。要将中国传统休闲道德智慧融入休闲伦理建设中，深入挖掘中国传统休闲道德智慧并进行创造性转化和创新性发展。

2. 加大休闲政策支持，构建休闲共享的社会支撑体系

逐步推进带薪休假制度全面落实，优化节假日时间分布格局。加强各项政策落地，特别是在疫情背景下，支持受疫情影响严重的体育、文旅等休闲服务业渡过难关。此外，还应该加强休假政策的针对性与可行性，按照各单位不同的工作性质，实行相对应的休假实施办法，来满足各类群体的休假需求，确保休假政策的有效实施，切实保障国民的休闲消费权益。

提高公共休闲设施的普及程度，优化国民休闲环境。要加大在公共设施建设方面的财政支持力度，尤其是注意满足弱势群体和贫困地区人民的基本休闲需求。要引导社会组织积极投身于公共休闲设施的建设，利用多种途径来筹备休闲设施建设所需的资金，为大众休闲活动的顺利展开提供充足的物质保障。

推动休闲服务创新，构建休闲共享的社会支撑体系。个性化时代，休闲消费逐步呈现特色化、个性化、时尚化和品质化等多元化特点，推动休闲服务创新，提升休闲供给均等化水平，满足社会成员多元化休闲需求，构建休闲共享的社会支撑体系，是推动新时代休闲共享的重要保证。要加强政府的休闲政策支持以及休闲市场监管，不断拓展主体的休闲范围，保障主体的休闲权利，促使休闲产业健康发展。

3. 规范管理休闲市场，改善休闲消费环境

规范管理休闲市场，助推休闲产业健康发展。近年来，休闲产业快速发展，休闲产品日益增多，但产品质量及休闲服务水平等都有待提高。因此，要加紧制定并完善休闲方面的法规与政策，加强监管，确保休闲产业能够遵从行业规范，自觉接受大众监督，坚持产业发展的经济效益与社会效益的统一，从而提供多元且优质的休闲产品，满足大众的休闲需求，最终形成开放统一、合理有序的休闲市场格局。

改善休闲消费环境，完善休闲市场监管。要利用现代大众媒介和网络平台大力宣传和引导健康积极的休闲方式、休闲活动，帮助人们树立科学的休闲价值观。通过完善休闲市场监管，创造一个和谐稳定的休闲文化环境，促使人们充分发挥自由个性，拓展人际交往空间，促进自我的全面发展。

4. 完善休闲制度设计，优化主体休闲空间

完善宏观政策，充分释放休闲产业发展活力。大力发展休闲经济使得人们普遍有闲的关键在于建立与高质量发展和高品质生活相适应的休闲制度体系，使之成为发展休闲经济的强大动力引擎。要针对不同类别的细分休闲产业制定个性化的政策制度，同时应考虑区域经济发展情况、人口密度及消费偏好、地理环境等问题。要加快构建完善的休闲产业发展保障制度，积极推进创新人才的培养，充分提高休闲产业对整个国民经济增长的贡献，有效地促进我国休闲经济的高质量发展。

商业服务体系的完善性和公共服务的便利性，是旅游"生活化"与休闲"近地化"背景下本地居民和外来游客共同的基本需求。疫情发生以来，城乡居民近距离的出行、高频次的休闲更是对当地基础设施、公共服务设施、商业环境和生态绿化等提出了新要求。各级地方政府要以主客共享理念为指引，统筹规划交通、餐饮、娱乐、购物等商业接待体系和文化、健身、医疗、养老以及问询、公共厕所、应急管理等公共服务体系，打造以社区为中心的休闲生活圈。以便捷高效的休闲服务供给能力，满足不同群体的多样化需求，形成整体

休闲环境的安全、秩序和品质感，让人民群众的近地休闲具有更高的获得感和幸福感。

在本地休闲频次明显提升的同时，消费场景趋于多元。居民休闲活动可以发生在社区花园、城市绿道，可以发生在城市公园、郊野公园、森林公园、国家公园等一切有风景的开阔开放空间，也可以发生在游乐场、餐馆、酒吧、咖啡馆、购物中心、旅游休闲街区、夜间消费集聚区、酒店与民宿等商业环境，还可以发生在图书馆、文化馆、博物馆、美术馆、电影院、艺术中心、音乐厅和戏剧场等公共文化空间。为满足日益彰显的国民休闲需求，地方政府应以城乡居民不同群体个性化、碎片化休闲需求为导向，以社区为中心，营造多元化休闲消费场景，培育多样化"点—线—网"品质休闲空间，让广大人民群众时时处处休闲好。